CB128651

MANIFESTE SUA RIQUEZA INFINITA

Pushkar Anand

CENTRO DE RIQUEZA INFINITA

Crescimento contínuo . . . . .

https://www.centreforinfiniteriches.com

Direitos autorais © Pushkar Anand 2025
Direitos de design © Design de capa Alex Mansfield 2025
Todos os direitos reservados.

Pushkar Anand declara seus direitos sob a Lei de Direitos de Autor, Designs e Patentes de 1988 ao se identificar como o autor deste trabalho.

Nenhuma parte deste livro pode ser reimpressa, reproduzida ou utilizada de qualquer forma, seja por meios eletrônicos, mecânicos ou quaisquer outros, agora conhecidos ou futuramente inventados, incluindo fotocópia ou gravação, ou em qualquer sistema de armazenamento, ou recuperação de informações, sem a permissão por escrito do editor e do autor.

Publicado pela primeira vez em 2025 pela Rowanvale Books Ltd
The Gate Keppoch Street Roath
Cardiff CF24 3JW
https://www.rowanvalebooks.com

Um registro de catalogação CIP para este livro está disponível na Biblioteca Britânica.
ISBN: 978-1-83584-072-6

DEDICADO
A

KARAN ANAND
MEU PAI

E

BLAINE BARTLETT
(GRÃO-MESTRE B^2)
MEU PROFESSOR

INTRODUÇÃO

Sim, você é infinitamente rico; você é infinitamente rico porque você é você!

Ignore seu saldo bancário, bens materiais e outros meios "tradicionais" de medir o patrimônio — olhe para dentro de si e encontrará tudo o que precisa para manifestar as suas aspirações mais profundas.

O objetivo deste livro é ajudar você a encontrar a expressão mais verdadeira de sua própria riqueza infinita. Isso pode significar qualquer nível de patrimônio material ou dinheiro que você deseja, bem como viver em harmonia com seu próprio espírito.

Muitas vezes somos levados a acreditar que as pessoas bem-sucedidas são moldadas de uma forma diferente, que algumas pessoas especiais apenas tiveram sorte, que existe um fator misterioso fora do nosso controle, determinando o grau de sucesso de cada um de nós. Este livro ajudará você a perceber por que está inteiramente no comando de seu próprio sucesso, e o que você precisa fazer para alcançá-lo.

Nunca mais você sentirá que algo que realmente deseja está fora de seu alcance — seja a casa dos seus sonhos, as cifras volumosas que deseja em sua conta ou a pessoa que realmente gostaria de ser. A natureza de seus desejos é secundária; o que é importante é facilitar uma mudança significativa dentro de você, que abrirá o caminho para viver a vida que você realmente deseja.

É da natureza humana que, compreender que algo pode ser feito "é meio caminho andado"; a outra metade consiste na aplicação bem-sucedida e execução disciplinada. A minha convicção vem da minha própria jornada de 15 anos e das pessoas com quem trabalhei lado a lado ao longo dos anos, bem como de outras pessoas cujas histórias de vida são relativamente conhecidas. Vou falar mais sobre elas e a minha história nas próximas páginas.

Pense neste livro como um manual para transformar o seu mundo; um guia para ajudar no processo de partir da vida que você vive atualmente, rumo à vida que realmente quer viver. Ao longo desta jornada, você aprenderá conceitos "novos" e verá outras ideias já familiares sob uma perspectiva diferente. Compreender esses conceitos e ideias é o primeiro passo crítico, mas isso em si não dará resultados: o empenho consistente em colocar os conceitos em prática e garantir uma execução disciplinada é o fator decisivo.

Mais importante ainda, como você aprenderá após a leitura deste livro: a aprendizagem autêntica, aquela que permite colocar em ação o conhecimento recebido, vem por meio da repetição. Livros realmente valiosos não são leituras feitas uma única vez, mas companheiros constantes, que você lê e consulta continuamente. É meu sincero desejo e intenção que este livro sirva a esse propósito em sua vida.

PREFÁCIO

As histórias que contamos sobre nós mesmos são um componente importante do nosso sucesso. Em *Manifeste Sua Riqueza Infinita*, você aprenderá de maneira libertadora e transformadora como aproveitar ao máximo sua abundância interior e viver sua vida de uma forma infinitamente rica. Isso me lembra algo que testemunhei há quase quarenta anos — um exemplo maravilhoso de como podemos pensar o nosso caminho para o sucesso.

Conheci um menino, que chamarei de Johnny, que tinha apenas cinco anos. Eu estava em um piquenique improvisado perto de um pequeno rio com alguns amigos. O nível do rio havia subido cerca de um metro acima do usual, e Johnny caminhava pela margem, pegando pedras e jogando-as na água. Seu pai, sua mãe e sua irmã mais nova estavam sentados a cerca de sete metros de distância das copas das árvores, almoçando e observando a criança.

A certa altura, o pai de Johnny gritou: "Johnny, saia do banco de areia; você vai cair." Johnny ouviu o aviso, mas continuou descendo, pegando pedras e jogando no rio. Seu pai repetiu, mais alto: "Johnny, eu disse para sair da margem do rio; você vai cair!" Johnny, no entanto, continuou jogando pedras na água.

Depois de mais alguns avisos, seu pai caminhou até ele, dizendo com irritação: "Não vou dizer de novo. Afaste-se da margem, você vai cair." Finalmente, Johnny parou, olhou para o pai e disse: "Papai, esse é um medo seu, não meu." Seu pai parou, se inclinou, pegou uma pedra e os dois passaram algum tempo juntos, jogando pedras no rio.

Durante décadas, defendi a crença de que a maior e mais autêntica riqueza está não em nossa conta bancária, mas dentro de nós mesmos. Somos todos infinitamente ricos, dotados de talentos, habilidades únicas e de um potencial muito maior do que qualquer medida material. No entanto, a maioria de nós hesita em aproveitar esses presentes porque, em algum ponto ao longo do caminho, também nos disseram para "nos afastarmos da margem". Com o tempo, esses tesouros dentro de nós ficam escondidos ou até esquecidos.

Em *Manifeste Sua Riqueza Infinita*, Pushkar destaca essa verdade e apresenta um modelo incrível para reconhecer e liberar nossa abundância inerente. Este livro vai muito além dos paradigmas tradicionais de criação de riqueza, que muitas vezes se concentram na concorrência, escassez e validação externa. Em vez disso, ele guia o leitor em uma jornada de autodescoberta, estimulando o alinhamento com o propósito de sua alma — a sua missão primária — e delineando um processo de criação que resulte em um impacto significativo na sua vida, em benefício de todos.

Os princípios e práticas delineados neste livro realmente capacitam você primeiro a reconhecer e depois a se tornar a pessoa que sempre esteve destinado a ser, enquanto alinha sua energia com a frequência da abundância. As experiências e percepções de Pushkar (incluindo a fundação do **Centro de Riqueza Infinita®**) e os exemplos de muitos outros iluminam o caminho, oferecendo um roteiro prático e inspirador para viver uma vida cheia de propósito, satisfação intelectual, espiritual, material e prosperidade.

Este livro não é apenas um guia para acumular riqueza, mas uma jornada de evolução extraordinária. Ele desafia você a examinar suas crenças, explorar sua criatividade inata e mergulhar em uma vida de maior propósito e significado. Ao abraçar esses conceitos e aplicar as técnicas compartilhadas aqui, você atrairá não apenas abundância financeira, mas também viverá uma profunda mudança de consciência e uma conexão mais profunda com seu verdadeiro eu.

Blaine Bartlett (Grão-Mestre B²)

ÍNDICE

PARTE I

RECONHEÇA SUA RIQUEZA INFINITA

1.
DINHEIRO

1. DINHEIRO

Nunca agi pensando no dinheiro. Ser a pessoa mais rica do cemitério não me interessa. Ir para a cama à noite sabendo que fiz algo maravilhoso é o que me interessa.

Steve Jobs

Tenho esta citação emoldurada na minha mesa. Sempre que leio a frase, lembro-me de uma empresa avaliada em 3,4 trilhões de dólares que impactou positivamente mais de dois bilhões de pessoas e continua a contribuir para nossas vidas diariamente. No entanto, seu fundador, Steve Jobs, nunca fez isso por dinheiro. Esta é, de fato, uma lição valiosa para todos nós.

Um dos filósofos mais influentes do nosso tempo, Bob Proctor, que foi presidente do Instituto Proctor Gallagher até seu falecimento, em fevereiro de 2022, dizia com frequência que *o segredo para gerar riqueza para si mesmo é entender que o dinheiro não é o objetivo.* A empresa de Bob impactou milhões de pessoas em todo o mundo durante a sua existência e continua impactando.

Do mesmo modo, quando você der o primeiro passo no caminho para manifestar a sua riqueza infinita, quero que o dinheiro desempenhe o mesmo papel na sua vida. No entanto, isso não significa que o dinheiro não seja relevante; pelo contrário, ele é extremamente relevante e deve ser colocado no seu devido lugar.

Coloquei o capítulo **Dinheiro** no início do livro porque é extremamente importante que você saiba de verdade o papel que o dinheiro desempenha, além do lugar que ele ocupa ao iniciar o processo para manifestar sua riqueza infinita. A seguir, temos um capítulo intitulado **Dinheiro, dinheiro, dinheiro: a questão é realmente o dinheiro?**, onde você aprenderá tudo sobre **As Seis Leis do Dinheiro™**.

Neste ponto, porém, gostaria de oferecer um pouco de contexto sobre o papel do dinheiro que você deve considerar enquanto lê este livro e, por isso, vou adiantar um conceito. Conheça agora uma dessas leis: **as regras do recebimento de dinheiro**.

Esta lei, denominada **As regras do recebimento de dinheiro**, diz que o dinheiro que você recebe em troca do fornecimento de seu produto/serviço depende de alguns fatores:

(i) Se a intenção subjacente da sua empresa é "Dar" uma experiência excepcional de produto/serviço ou "Receber" a quantia máxima de dinheiro.

(ii) O seu propósito, e se a empresa o representa.

(iii) Quais são as características mais singulares da sua empresa.

Para dar um exemplo, vou compartilhar as respostas a estas perguntas para a Apple Inc. quando Steve Jobs a fundou, em 1976:

(i) Sobre "Dar".

(ii) Contribuir para o mundo, criando ferramentas para a mente que promovam a humanidade.

(iii) Mudar a forma como as pessoas veem os computadores desenvolvendo versões fáceis de usar, pequenas o bastante para que as pessoas tenham em suas casas ou escritórios.

Agora pare um momento para pensar na multidão de pessoas que vivem suas vidas cotidianas neste oceano de humanidade em que vivemos. Você perceberá que a grande maioria executa o próprio trabalho com o objetivo principal de ganhar dinheiro. Paradoxalmente, apesar desse fator determinante, quase sempre as pessoas precisam de ainda mais dinheiro do que ganham!

Por outro lado, há aqueles cujo trabalho é a sua paixão e uma extensão do seu objetivo central. Nem todas essas pessoas são destaques em suas respectivas áreas, como Steve Jobs e Bob Proctor, mas sem dúvida levam vidas mais abundantes do que a maioria. Acontece que quando você tem esse alinhamento mais amplo com seu propósito inerente, além da prática de fazer certas coisas de certas maneiras, uma força universal envolve magicamente sua vida… E o dinheiro nunca mais falta.

O cerne da questão

Embora o dinheiro não seja o destino, ele é extremamente pertinente para a viagem, sendo importante colocá-lo no lugar certo, enquanto sua empresa se concentra em impactar positivamente todas as pessoas que atende.

2.
SUA RIQUEZA INFINITA

2. SUA RIQUEZA INFINITA

O gênio é um potencial que vive dentro de você e de todos os outros seres humanos. Gostaria que você considerasse o que pode parecer uma ideia radical: o gênio pode se manifestar de tantas formas quanto o número de seres humanos.

Wayne Dyer

Você se lembra do que sentiu quando uma pessoa qualquer disse casualmente "você é muito bom nisso"? Ou a sensação que você teve quando uma determinada tarefa imediatamente o encheu de um senso de propósito, foco e desejo de se destacar de verdade? Ou a imensa satisfação de fazer uma determinada atividade, na qual você perdeu a noção do tempo, em que as ações fluíram naturalmente e sem esforço?

Cada uma dessas situações seria um exemplo de você explorando seu gênio natural, seu talento inato e único, sua riqueza infinita. Todos e cada um de nós tem essa riqueza em abundância. Em algumas pessoas, a riqueza está enterrada bem no fundo, quase não emergindo para ser reconhecida ou compreendida; em outras, essas dádivas se manifestam diariamente, conquistando a admiração de todos.

Meu principal objetivo neste livro é dar a você o poder de extrair sua riqueza infinita, manifestar diariamente o dom único com o qual você nasceu e, assim, viver em harmonia com sua alma. Ao explorar sua riqueza infinita, você pode alcançar o que quiser — seja abundância financeira, sucesso na carreira, um estilo de vida sonhado ou a expressão perfeita de sua própria felicidade.

Porque é dando que se recebe.

São Francisco de Assis

Ao ler as páginas seguintes, quero que você compreenda de verdade — e faça disso um modo de vida — que, ao reconhecer sua própria riqueza infinita e entrar em harmonia com ela, o seu foco principal é manifestar essa riqueza infinita, dando a ela uma forma física.

Quando isso acontece, por meio da natureza da sua empresa — o trabalho que você faz — você enriquece todos a quem suas ações se destinam. Como resultado, sua riqueza infinita também beneficia você, em alinhamento direto com a medida em que seu trabalho beneficia os outros. No entanto, seus desejos mais profundos só podem ser realizados se, ao exprimir o seu dom, a origem da manifestação for um lugar de generosidade com uma disposição genuína de impactar positivamente todos aqueles a quem você serve.

Quando combinados, o poder da generosidade, a mentalidade de dar e a qualidade da compaixão criam um efeito cascata positivo, abrindo a porta para mais abundância para todos os envolvidos. Quando comecei a viver meu propósito de elevar a humanidade, o sentimento geral em meu coração era sobre como eu poderia beneficiar as pessoas com quem eu estava interagindo.

Esse sentimento se manteve consistentemente primordial à medida que permaneci nessa jornada e comecei a interagir com mais e mais pessoas a cada ano que passava. Por fim, o que começou como um pequeno empreendimento com poucas pessoas criou vida própria e se transformou na missão de escrever este livro para leitores em todo o mundo. Também deu origem à minha empresa, que cresceu e estabeleceu presença em todos os continentes.

O ponto principal a compreender aqui é que o sentimento gerado dentro de mim em cada passo bem-sucedido era o de estar repleto de gratidão e humildade, muitas vezes com um nó na garganta, em vez de um sentimento de realização sustentado pelo ego.

Esse sentimento a que me refiro é aquele que temos quando estamos no caminho em que devemos estar, apreciamos cada momento dele, e gradualmente isso se torna um modo de vida. Isso, por sua vez, transforma a vida de tal forma que passamos a viver nosso propósito primário, beneficiando todos com quem interagimos e acionando as forças que garantem nossa liberdade financeira. Em outras palavras, nós começamos a manifestar nossa riqueza infinita.

O cerne da questão

Manifestar sua riqueza infinita com plenitude permite o avanço tanto do provedor (você) quanto daqueles que você provê por meio de sua empresa.

3.
VOCÊ É ESPECIAL

3. VOCÊ É ESPECIAL

Ser você mesmo em um mundo que tenta constantemente mudar o que somos é a maior conquista.

Ralph Waldo Emerson

Todo ser humano tem um gênio dentro de si, mas apenas poucos refletem esse gênio para o mundo exterior. Da mesma forma, embora todo ser humano seja infinitamente rico, apenas poucos manifestam sua riqueza infinita. Podemos sentir inveja ou podemos, como fiz em 2008, começar a tentar compreender a nossa posição no mundo e o que podemos mudar.

Aos 30 anos, cheguei a um lugar na minha vida em que, pela maioria dos critérios, era considerado bem-sucedido: era funcionário do banco mais global do mundo na época, casado e feliz, com o primeiro filho a caminho e a família vivendo por perto. Mas a crise financeira global de 2007-2008 me fez questionar a validade das minhas escolhas. Aparentemente, eu estava com a vida resolvida. Mas era de fato a minha vida ideal ou aquela que todos os outros presumiram que eu iria querer?

A minha resposta foi simples: saquei cada centavo que tinha no banco e fui para Cambridge com minha esposa e o bebê, para cursar um MBA e começar do zero depois disso. Todo mundo dizia que era loucura eu desistir da minha carreira e assumir uma dívida no valor de cem mil dólares. Eu segui adiante mesmo assim, porque eu queria, e minha voz interior me guiava. Apesar de ter feito a minha escolha, as dúvidas dentro de mim continuavam crescendo. Havia essas perguntas constantes dentro de mim, que começaram a me assombrar nessa fase — perguntas que só tinham me atormentado antes, ocasionalmente ali pelos meus vinte anos.

Por que algumas pessoas são bem-sucedidas e outras não? É tudo uma questão de sorte? Ou é uma questão de inteligência? Será que sabemos se criamos a nossa realidade, ou estamos indefesos nas mãos de um poder externo? O lugar onde nascemos faz a diferença? Que papel desempenha a educação? E a família?

Esses questionamentos permaneceram por dias, alimentados pela sua própria energia. Havia algo persistente insistindo incansavelmente para que eu procurasse respostas, descobrisse segredos, resolvesse o enigma. Estas questões me atormentaram com tanta intensidade, especialmente no contexto da crise financeira global e da grande mudança na minha vida, que desempenharam um papel fundamental na minha decisão de estudar para compreender o potencial de cada ser humano e o que era necessário para explorar esse potencial.

Minha busca levou 15 anos de trabalho duro, estudo dedicado e reflexões. Li cerca de 500 livros, participei de 30 seminários e workshops, e passei quatro anos em um modelo de aprendizagem individual com o meu professor Blaine Bartlett, a quem me refiro carinhosamente como Grão-Mestre B^2, a quem devo mais gratidão do que qualquer outra pessoa em todo o setor de desenvolvimento pessoal. Ele, por sua vez, passou mais de quatro décadas desenvolvendo seu conhecimento, compreensão e domínio da natureza de nossos dons interiores.

Além de desenvolver uma compreensão mais profunda, comecei a perceber coisas sobre de onde vieram meus insights e progresso pessoal. Em cada ocasião em que senti que tinha dado um passo para frente ou realizado um desejo profundamente arraigado, percebi que era devido a seguir diligentemente um certo método de fazer coisas específicas, de maneira acurada.

Ao longo da minha jornada, aproveitei inúmeras oportunidades para discutir com outras pessoas que trilhavam seus próprios caminhos para o conhecimento. Ficou evidente que suas experiências, respostas e descobertas eram consistentes umas com as outras e com as minhas.

Gostaria de descrever todas as pessoas com quem discuti essas questões como "pessoas comuns", embora provenientes de diferentes estilos de vida e culturas variadas. Cheguei a uma conclusão: se todos os seres humanos tivessem a oportunidade de adquirir e aplicar os conhecimentos que havíamos desenvolvido, também poderiam ter o que desejassem.

Da minha leitura sobre Bob Proctor, *Você Nasceu Rico,* compreendi que todo ser humano nasce rico porque nascemos com a capacidade de ter o que quisermos nos limites da natureza.

Meus estudos e pesquisas mais amplos também me ajudaram a reconhecer que a razão pela qual alguns satisfazem seus desejos, enquanto outros não, se resume não às condições em que alguém nasce, mas sim à ausência — ou ao acesso — desse conhecimento exato que levei 15 anos para coletar e assimilar. Acontece que o sistema de ensino em todo o mundo, embora transmitindo, naturalmente, lições valiosas, nem sequer toca nesse conhecimento que os meus próprios estudos revelaram.

Lembre-se, porém, que apesar de ser infinitamente rico, a menos que você tenha aprendido o que especificamente precisa ser feito de forma contínua, por que precisa ser feito e exatamente como fazer, essa riqueza não se manifestará. Em vez disso, permanecerá como um tesouro enterrado que você nem sabe onde está. À medida que você adquire o conhecimento relevante (o porquê) e desenvolve a disciplina para fazer coisas específicas de formas exatas (o que e como), você reconhecerá e desenvolverá seu talento único e magnífico — ou o gênio dentro de você.

A "impressão de aumento" é um conceito poderoso estabelecido na obra inspiradora de Wallace Wattles, *A Ciência de Ficar Rico*, no início do século 20. Wattles era um autor que fez parte do movimento Novo Pensamento e, entre outros tópicos, escreveu sobre a importância de promover a melhoria do estado de todas as pessoas após entrarem em contato conosco. O Novo Pensamento como conceito explica como seus pensamentos, crenças e mente moldam sua realidade física.

À medida que me aprofundava nos arquivos do Novo Pensamento, muitas vezes recebia orientações e reforços valiosos. Nesse contexto, a sincronicidade que encontrei em um dos últimos livros de Wayne Dyer, *I Can See Clearly Now* (sem tradução para o português), é realmente digna de nota. Escrito em forma semiautobiográfica, esse livro narrava várias experiências da vida do autor que se encaixavam com perfeição em minha vida.

Por exemplo, no início da década de 1970, cerca de três ou quatro anos antes de o primeiro livro de Wayne, *Seus Pontos Fracos,* ser publicado e quando Wayne não era amplamente conhecido, ele diz que muitas vezes pensava consigo mesmo:

Li Dale Carnegie, Napoleon Hill e Norman Vincent Peale e sinto que posso oferecer um livro que vai além da inspiração e dos conselhos desses autores. Eu amo e admiro todos esses homens e o que eles ofereceram — eu os vejo como pioneiros em um clube fascinante ao qual pretendo me juntar.

Se eu substituísse Dale Carnegie, Napoleon Hill e Norman Vincent Peale por Bob Proctor e Jack Canfield, além do próprio Wayne Dyer, esses pensamentos poderiam ser os meus nos últimos anos.

Além disso, seguir esses chamados para escrever em tempo integral e falar com o público — o que era desconhecido para ele na época — significava deixar seu emprego confortável e a segurança de um salário mensal. Ele diz:

Esse era um trabalho difícil, com certeza, mas havia algo queimando dentro de mim, exigindo minha atenção em tempo integral. Meu mundo exterior parecia ótimo, mas meu mundo interior, onde conduzo toda a minha vida, parecia incompleta e turbulenta.

Mais uma vez, isso se encaixava tanto em mim quanto em Wayne. Estas foram algumas das ideias que lançaram as bases do **Centro de Riqueza Infinita**®. E agora, como aqueles que trilharam o caminho antes de mim, estou escrevendo um guia para ajudar os outros a descobrir o conhecimento de que precisam e as ações que devem tomar para manifestar sua riqueza infinita.

O cerne da questão

Embora o desejo de saber mais ainda exista e a jornada interminável de estudo continue, este livro inclui as respostas que encontrei ao longo de 15 anos. Leia e siga com dedicação os ensinamentos presentes aqui — eles ajudarão você a identificar e manifestar sua riqueza infinita em um tempo muito menor do que levei para manifestar a minha!

4.

DESAPRENDA O QUE APRENDEU

4. DESAPRENDA O QUE APRENDEU

A conformidade é o carcereiro da liberdade e o inimigo do crescimento.

John F. Kennedy

Sabe-se que 1% da população mundial detém 45% da riqueza global, enquanto os 12% seguintes detêm 40%. No outro extremo do espectro, 52% da população mundial possui apenas 1% da riqueza global.

A pergunta que qualquer pessoa sensata faria é: por que existe uma diferença tão gigantesca entre grupos da mesma população de seres humanos? Essa disparidade é ainda maior quando se considera que todo ser humano é infinitamente rico.

A resposta parece simples: ausência da percepção. Reconhecer essa ausência e, em seguida, efetuar uma mudança pessoal exige uma mudança significativa como indivíduo. Compreender como estamos condicionados a pensar e a viver foi uma parte importante da minha pesquisa. Vivemos em um mundo que celebra a conformidade e, no entanto, essa conformidade restringe a autenticidade de muitas pessoas.

Conforme progredimos da infância para a escola, para a vida adulta e, por fim, para o local de trabalho, nossa visão da vida é influenciada de forma considerável e condicionada pela visão das pessoas que nos rodeiam. Infelizmente, a maioria das pessoas ao nosso redor — a sociedade em geral ou o ecossistema — está presa na rotina diária da corrida dos ratos — ou bolha CR, daqui em diante.

Passar mais tempo com os outros ao longo da nossa vida faz com que os seus pontos de vista se tornem os nossos, suas falhas se tornem as nossas, e o seu pensamento molda o nosso. Com o passar do tempo, ficamos mais envolvidos nessa bolha e, sem percebermos, isso faz com que mais pessoas se envolvam também. Sem querer, a maior parte da humanidade contribui para o crescimento exponencial dessa bolha, como a taxa de transmissão da Covid durante a pandemia.

No entanto, existe uma minoria da população espalhada pelo mundo que, conscientemente ou não, reivindicou sua riqueza infinita e vive uma vida infinitamente mais abundante. Isso não é porque elas são superiores ou especiais de alguma forma: elas simplesmente têm a consciência de serem infinitamente ricas e isso se reflete em suas experiências de manifestação.

Muitas vezes, a única razão para elas terem essa consciência é porque um membro da família, um pai ou um professor trabalhou deliberadamente para alimentar essa consciência nelas durante seu período de formação. Um exemplo válido que podemos citar é o famoso livro *Pai Rico, Pai Pobre* (de R. Kiyosaki), onde, entre outras coisas, o autor explica como sua consciência sobre a riqueza começou por meio de um pai rico (o pai de seu melhor amigo), quando ele tinha nove anos.

Pelo contrário, o próprio pai do autor — o Pai Pobre — não conseguia responder às suas perguntas sobre o que alguém precisa fazer para ser rico. Veja bem, o pai dele representava a maioria dos pais e das pessoas no mundo, que não têm o conhecimento e a clareza para responder ao que é preciso fazer para enriquecer e, ao mesmo tempo, ter uma vida plena. É devido a tanta escassez dessa perspectiva de como viver uma vida abundante que a maioria das pessoas, geração após geração, aceita que a "falta" é uma parte fundamental da vida.

Outro caminho para a riqueza infinita é quando permanecemos de mente aberta e receptivos — ouvimos um sussurro e essa voz fica mais alta e mais forte, levando-nos a agir de acordo com ela. Por sua vez, essa ação nos leva a uma fonte que pode ajudar a reacender a chama de nossa vontade. Um exemplo perfeito, neste caso, seria você encontrando este livro. É possível que você acredite que não o procurou conscientemente, mas ele encontrou você, por coincidência. Mesmo que você não esteja consciente de um desejo dentro de si, não significa que ele não esteja lá. Se isso soa como um conceito novo, fique tranquilo, pois você aprenderá mais a respeito ao prosseguir a leitura. Lembre-se: não existem coincidências. Como um grande poeta persa, Rumi, disse há quase mil anos, *o que você procura também está procurando você.*

Se você acha que o que estou dizendo é irrelevante e a família e as circunstâncias em que você nasceu são o principal fator que determina o caminho de sua vida, você está errado. Pode acreditar: essa ideia está profundamente errada. Compreendo o raciocínio, porque foi assim que pensei durante muitos anos! No entanto, esse pensamento se deve inteiramente a seu condicionamento e ao que você foi exposto ao longo dos anos; à forma como foi influenciado por amigos, familiares, a sociedade em geral e os meios de comunicação social e, um dia, se acostumou com essa visão.

Agora, pergunte algo a si mesmo. Não é natural supor que, se a trajetória de sua vida fosse baseada principalmente no lugar onde você nasceu, todos os nascidos na mesma família ou bairro teriam resultados muito semelhantes, se não idênticos, na vida? Mais ainda, se isso fosse verdade, então, logicamente, não haveria novos bilionários ou milionários! Se você está se perguntando se são apenas os casos mais raros que desafiam a regra, ou se são apenas coincidências fortuitas, então preste muita atenção ao que se segue, porque é útil em seu caminho de descoberta para a riqueza infinita.

Uma exceção é qualquer coisa que seja um desvio da regra. Sim, os exemplos que você pensou são exceções, mas não são exceções aleatórias que apenas aconteceram, como muitas vezes as pessoas acreditam erroneamente. Em vez disso, são exceções que se manifestam porque as pessoas por trás delas, conscientemente ou não, tiveram acesso à experiência específica que você está conhecendo neste livro.

O fato de um pequeno número arbitrário de pessoas ter alcançado o sucesso não significa uma coincidência, mas reforça a ideia de que qualquer um pode chegar ao mesmo resultado. O desafio não está na capacidade das pessoas, mas em fazer com que as pessoas acessem em massa o material deste livro para desenvolverem essa consciência e agirem de acordo com ela. No processo, a exceção começará a se tornar a regra e, no esquema geral das coisas, a humanidade evoluirá para um nível superior.

PARTE I

O cerne da questão

Você não precisa se conformar — comece a se familiarizar com a ideia de fazer o que quer fazer, e não o que os outros pensam que você deve fazer!

PARTE II

LIBERE SUA RIQUEZA INFINITA

5.

MODELO MULTIFACETADO PARA MANIFESTAR SUA RIQUEZA INFINITA™

5. MODELO MULTIFACETADO PARA MANIFESTAR SUA RIQUEZA INFINITA™

Quem não consegue explicar algo de forma simples é porque não entendeu muito bem o assunto.

Albert Einstein

A minha intenção neste capítulo é demonstrar o que você precisa dominar para manifestar sua riqueza infinita. Idealmente, no final da leitura deste livro, eu quero que você se sinta confiante para poder explicar este processo a qualquer pessoa.

O conhecimento que deve ser assimilado está resumido no modelo multifacetado a seguir. É um modelo simples, mas que não deve ser subestimado. Simples não significa fácil. Compreender e internalizar de verdade o modelo não é fácil porque é novidade para você, e alguns de seus aspectos exigem que você mude a forma como encarou as coisas no passado. A mente aberta, o desejo genuíno de crescer e a disciplina contribuirão para o seu crescimento.

O Modelo Multifacetado

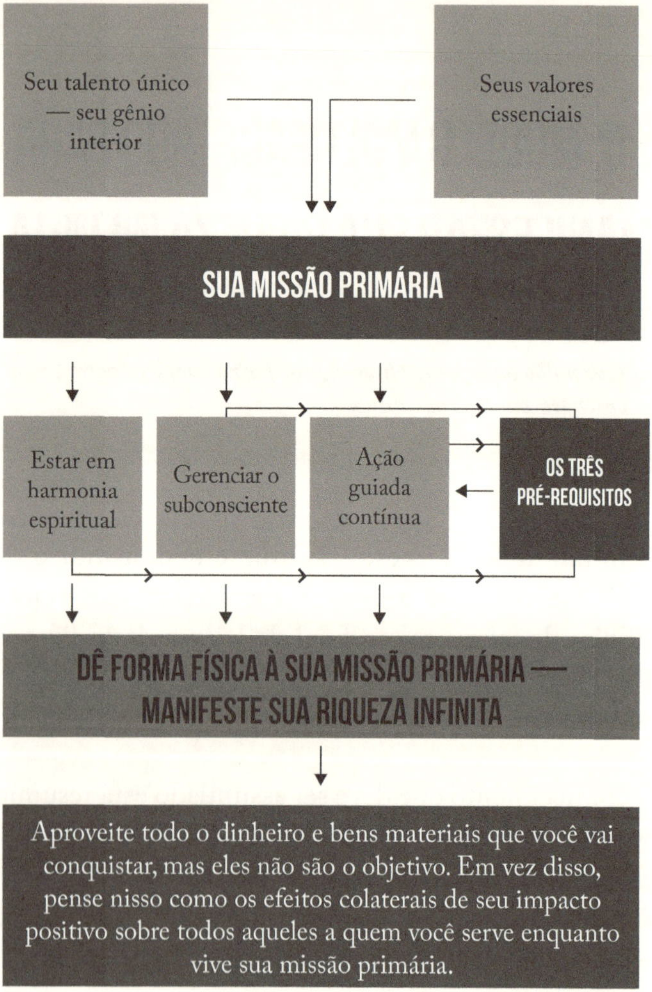

O primeiro passo é identificar seus talentos únicos e seu valor principal. Estes, então, se unem para definir a sua missão primária; você pode usar os termos "propósito", "primário" e "missão primária" como sinônimos.

Uma vez que sua missão primária tenha sido identificada, o próximo passo é garantir que você esteja vivendo com sucesso essa missão. Por sua vez, isso significa que não só a missão está em harmonia espiritual, mas que o subconsciente é conduzido de forma ativa, e que você está constantemente tomando ações guiadas.

Em virtude do cumprimento desses requisitos, você se torna então o veículo que dá forma física à sua missão primária. Em outras palavras, você manifesta sua missão primária. A forma que sua missão primária assume é definida como sua visão primária. Em uma linguagem mais simples, também é possível pensar em sua visão primária como sinônimo de seu objetivo principal.

O resto da **Parte II: Libere sua riqueza infinita**, ajudará você a entender completamente cada um dos componentes deste modelo. Ela inclui inúmeros exemplos da vida real e guia você por meio de um conjunto de exercícios para que você defina sua missão e visão primárias.

É crucial, porém, que primeiro você compreenda profundamente os conceitos-chave envolvidos, leia os exemplos da vida real e faça metodicamente os exercícios antes de definir sua missão e visão primárias; e é exatamente isso que você fará nos próximos capítulos.

No entanto, para dar uma ideia inicial, vou compartilhar a história de um querido amigo meu, Dave Murphy, que conheço desde 2011, quando se tornou meu consultor financeiro.

Dave trabalhava para uma grande empresa de contabilidade e, quando a empresa fechou as portas em 2015, Dave e outro ex-colega criaram seu próprio negócio. A empresa começou a crescer e teve um bom desempenho, mas no início de 2018, Dave teve uma desagradável surpresa quando descobriu que o sócio no qual havia confiado o traiu, desviando fundos. Depois de um ano tumultuado, Dave conseguiu desassociar-se da empresa, recebendo apenas metade do dinheiro que lhe era devido.

No final de 2019, usando suas economias e investimentos, Dave abriu com sucesso uma nova empresa com um pequeno grupo de clientes fiéis e, ao mesmo tempo, montou uma confeitaria em seu bairro, na região de Manchester. Ele me disse o seguinte: "Pushkar, eu simplesmente amei a satisfação de fornecer doces deliciosos em minha loja para pessoas diferentes, ver o dia passar e conversar com os outros. Eu me senti vivo de novo. Também estou gostando do meu pequeno negócio junto a um seleto grupo de clientes com ideias semelhantes".

Infelizmente, assim que as coisas estavam se consolidando, a Covid apareceu, a confeitaria fechou e ele continuou atuando como consultor financeiro, mas o cotidiano foi severamente prejudicado mais uma vez. Para encurtar a história, por meio de uma cadeia de eventos significativos e positivos ao longo dos últimos três anos, Dave agora é um dos três sócios de uma empresa próspera — https://www.howebridgeconsulting.co.uk

Os outros dois têm valores semelhantes aos dele, mas o mais importante é que Dave é o sócio responsável pela gestão das finanças da empresa!

Recentemente, no início de 2024, Dave e eu estávamos conversando sobre o modelo multifacetado e chegamos a uma versão preliminar da missão e visão primárias de Dave. Estas foram as respostas que definimos juntos:

- **Os talentos únicos de Dave:** contabilidade e gestão financeira, confeitaria e culinária, além de consultoria.
- **Valores essenciais de Dave:** honestidade, lealdade e compaixão.

- **Missão primária:** minimizar ou eliminar os problemas das pessoas.
- **Visão primária:** até 31 de dezembro de 2026, a empresa de Dave (https://www.howebridgeconsulting.co.uk) terá 500 clientes, a confeitaria será reaberta, servindo pelo menos 25 clientes diariamente, e ele dedicará seis horas por semana para atender pessoas em situação de rua.

O cerne da questão

Dominar o modelo multifacetado deixará você com uma base inestimável para manifestar sua riqueza infinita.

6.
MISSÃO E VISÃO PRIMÁRIAS

6. MISSÃO E VISÃO PRIMÁRIAS

No minuto em que você começa a fazer o que realmente deseja, a vida muda completamente.

Bucky Fuller

Existem muitos livros bem escritos (meu favorito é *Your Soul's Plan*, "O Plano da Sua Alma", tradução livre) que discutem com credibilidade a ideia de que antes do início da vida física, ainda como espíritos, nós escolhemos nossos objetivos principais para nosso tempo na terra. Objetivos, no plural, porque existem múltiplos aspectos da vida, como a paternidade ou maternidade, carreira, amizades, relações conjugais e assim por diante, e cada um tem um objetivo prioritário. No entanto, em todos esses aspectos, existe um objetivo global — a missão primária — que não precisa ser relacionada a carreira, mas, muitas vezes, está. Este é o nosso foco.

Conceitualmente, a forma que você gostaria que qualquer missão assumisse ao se manifestar é a visão, e a visão que corresponde à missão primária é a visão primária.

A estrutura missão-visão

Uma das minhas citações que mais gosto é a de Wayne Dyer sobre o conceito de *Dharma*:

> *Todos nós temos um destino, um "Dharma", a cumprir, e há infinitas oportunidades, pessoas e circunstâncias que surgem ao longo de nossas vidas para iluminar nosso caminho. Incidentes e as pessoas criam pequenas faíscas [...], essas faíscas são sinais nos quais devemos prestar atenção [...]. Essa faísca interior é Deus falando comigo. [...] confio ao máximo nela.*

O termo *Dharma* vem da filosofia hindu e muitas vezes é considerado uma religião, o que não é verdade. A tradução correta da palavra *Dharma* é "seguir o seu caminho de vida e servir aos outros". O seu *Dharma* é o seu propósito e é sinônimo da sua missão primária.

Nesse contexto, também gosto da definição de Deepak Chopra, que diz que *Dharma é o seu propósito único na vida [...]. Todo mundo tem um propósito na vida — um dom único ou um talento especial para beneficiar os outros. Quando você mistura esse talento com o ato de servir a outros, você experimenta o êxtase e o estímulo de seu próprio espírito, que é o objetivo.*

Estou apresentando o conceito de *Dharma* porque, quando você segue o seu *Dharma*, você vivencia júbilo contínuo, contentamento profundo e deleite ímpar em tal nível que é difícil de colocar em palavras. Este é o ponto fundamental aqui — você pode aprender sobre uma ideia ou tema lendo e estudando, mas essa aprendizagem está em um nível intelectual. No entanto, quando vivenciamos uma ideia, a aprendizagem que alcançamos é, por si só, muito mais potente e duradoura.

Posso dizer isso com confiança, com base principalmente na minha própria experiência e apoiado pelas experiências daqueles com quem trabalhei ao longo dos anos. O sentimento de realização e de alegria que sinto ao trabalhar na minha empresa e que senti ao escrever este livro é, de fato, inestimável. Além disso, quando estamos em harmonia espiritual, muitas vezes sentimos que uma força muito maior do que nós está pegando nossa mão e nos guiando para prosseguir no caminho que sempre foi nosso destino seguir. As palavras "cansaço" ou "fadiga" não parecem constar em nosso vocabulário, e nos sentimos energizados de uma forma que parece divina.

Em um desses dias em que perdi a noção do tempo trabalhando até tarde da noite, me deparei com estas palavras de um grande sábio indiano, Patanjali, autor de *Yoga Sutras*, a primeira obra sobre ioga, na qual todas as outras se baseiam. Patanjali afirma o seguinte:

> *Quando você está inspirado por algum grande propósito, algum projeto extraordinário, todos os seus pensamentos quebram suas amarras. Sua mente transcende as limitações, sua consciência se expande em todas as direções e você se vê em um mundo novo, grande e maravilhoso. Forças, faculdades e talentos adormecidos adquirem vida, e você se descobre uma pessoa muito maior do que jamais sonhou ser.*

Fiquei absolutamente fascinado por essas palavras naquele dia, e esse sentimento permanece até hoje. Patanjali não usou a palavra *Dharma*, mas sua referência foi uma descrição perfeita do que é seguir seu *Dharma*.

O cerne da questão

Siga seu *Dharma*!

7.
ESTAR EM HARMONIA ESPIRITUAL: O PRIMEIRO PRÉ-REQUISITO

7. ESTAR EM HARMONIA ESPIRITUAL: O PRIMEIRO PRÉ-REQUISITO

Quem vive em harmonia consigo mesmo vive em harmonia com o universo.

Marco Aurélio

Quando você conheceu o modelo multifacetado anteriormente, aprendeu que existem três pré-requisitos associados ao tipo de missão primária que permite que você manifeste a sua riqueza infinita; o primeiro deles é estar em harmonia espiritual.

Você está em harmonia espiritual quando o que deseja manifestar está totalmente alinhado aos valores essenciais de sua alma. Os valores essenciais de sua alma são: viver sua missão primária, seguir a doutrina de que os criadores de verdade não competem entre si e passar no teste da visão primária.

Cada um dos três capítulos seguintes é dedicado a um desses valores essenciais. Antes de rever esses valores fundamentais, no entanto, é importante conhecer alguns termos e suas definições, que poderão ser novos para você, mas que estarão presentes nos capítulos seguintes. Estes são:

Desejo: este é o sentimento de querer manifestar certa experiência. Todos nós temos múltiplos desejos a cada minuto. Alguns são caprichos, outros são desejos diários rotineiros, mas alguns são desejos urgentes e significativos que surgem repetidamente. A última categoria consiste em autênticos chamados, ou a voz da sua alma. São aqueles nos quais é preciso prestar muita atenção e sobre os quais devemos agir, e eles serão o nosso foco de agora em diante.

Espírito universal: esta é a energia abrangente que flui em e através de tudo e de todos. Você também pode pensar nisso como a substância divina, inteligência suprema, fonte de vida ou, para quem é fã de *Star Wars*, a Força.

Alma: sua alma é um fragmento do espírito universal e a essência imortal de quem você é. Quando você usa termos cotidianos como "seu" corpo, "minha" ideia e assim por diante, cada um desses pronomes se refere à alma. Pense na alma como sinônimo de seu espírito. James Cook disse: *sua alma é a parte de você que está em harmonia com Deus.*

Mente: sua mente é um elemento intangível e não uma coisa palpável. Pense na mente principalmente como a ponte que liga o seu corpo à alma e, portanto, ao espírito universal.

Corpo: seu corpo é uma forma física mortal que existe durante o tempo em que sua alma está na terra.

Cérebro: ao contrário do que muitas pessoas pensam, seu cérebro não é sua mente. Seu cérebro é a parte mais complexa do seu corpo e é o leme de sua forma física, mas é apenas mais um órgão tangível de seu corpo.

O cerne da questão

Devido a alma ser um fragmento do espírito universal, estar em harmonia espiritual também significa que seu desejo trabalha com o fluxo do espírito universal, e não contra ele. Esse fluxo direcional aumenta ainda mais a potência e a velocidade da experiência de manifestação.

8.

VIVENDO A SUA MISSÃO PRIMÁRIA

8. VIVENDO A SUA MISSÃO PRIMÁRIA

Os dois dias mais importantes da sua vida são o dia em que nasceu e o dia em que descobre a razão de ter nascido.

Mark Twain

Antes de definir sua missão primária, há estágios de compreensão que podem servir de guia. Comece pensando em sua missão primária, não como algo à parte. Você deve literalmente se tornar sua missão primária. A melhor maneira de entender isso é por meio das ideias delineadas no artigo de Thomas Troward, *Entering into the spirit of it* (sem tradução para o português).

Troward foi um dos professores pioneiros do Movimento do Novo Pensamento. Embora existam diferentes pontos de vista sobre quem usou o termo "Lei da atração" pela primeira vez, no contexto que entendemos atualmente, Troward é um dos candidatos mais prováveis.

Entrando no espírito de sua missão primária

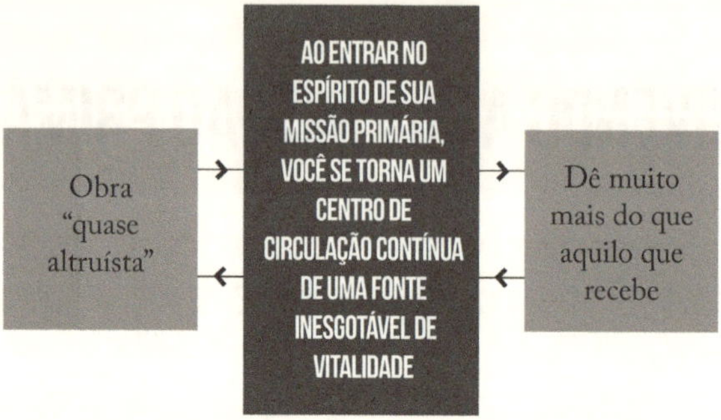

Obra "quase altruísta" significa que o seu principal objetivo é prestar os seus serviços da melhor forma possível, visando o benefício dos usuários. O "ganho" não é o objetivo principal, mas sim um importante efeito secundário.

Como um **centro de circulação contínua**, você entra no espírito de sua missão primária com sucesso e, em seguida, põe em movimento a circulação contínua de suas obras, usando a prosperidade que você gera, por sua vez, para elevar sua obra ao próximo nível, e assim por diante, em um ciclo interminável para a melhoria mútua de tudo que tudo o que interage com você no processo.

Dar muito em comparação ao que você recebe significa que seu foco deve estar em viver sua missão primária, no que você oferece e como serve aos outros, e não no que você ganha. Fique tranquilo, você obterá exatamente o que deseja, mas quando seu foco principal é dar e você trata o receber como um efeito colateral importante, o que você quer encontrará seu caminho até você.

Ao longo dos anos, embora eu tenha lido e refletido sobre muitas declarações de missão de empresas globais, quatro se destacam para mim. Elas se destacam, a meu ver, porque seus incríveis fundadores seguiram o conceito de realmente se tornarem e viverem a própria missão sobre a qual escreveram. Essas empresas continuam a prosperar ainda hoje, e eu gostaria de compartilhar com você mais sobre elas.*

Apple Inc.: a empresa mais valiosa do mundo, com um valor de mercado de US$ 3,4 trilhões. A declaração de missão original de Steve Jobs: *Contribuir para o mundo, criando ferramentas para a mente que sirvam de avanço para a humanidade.*

Ford Motor Company: quando Henry Ford abriu a primeira empresa automobilística de mercado de massa do mundo, a sua missão original era *construir e comercializar um veículo/automóvel simples, forte, confiável e acessível para as massas;* isso contrastava com o fato de que, naquela época, possuir um automóvel era um luxo reservado apenas aos ricos. Tendo crescido em uma fazenda, ele queria ajudar especificamente *as famílias de agricultores a se sentirem menos isoladas.* Mais de cem anos

* Os dados de valor de mercado foram obtidos em diferentes pontos entre 2023 e 2024.

mais tarde, o valor de mercado da Ford Motor Company é de cerca de US$ 50 bilhões.

Tata Group: JRD Tata, o descendente da marca mais valiosa da Índia, avaliada em US$ 28 bilhões, e indiscutivelmente o conglomerado mais valioso, com um valor de mercado de mais de US$ 400 bilhões, viveu pelo seguinte mantra: *Nenhum sucesso ou conquista em termos materiais vale a pena, a não ser que sirva às necessidades ou interesses de um país ou do seu povo e seja alcançado por meios justos e honestos.*

S.C. Johnson & Son Inc.: proprietária de marcas domésticas como Mr. Músculo®, Quivi®, Pledge® e Baygon®, entre muitos outros, a empresa ainda é de capital privado e familiar, apesar da receita anual de mais de US$ 10 bilhões. Um século atrás, o líder da segunda geração da família, Herbert Johnson Sr., resumiu a filosofia de sua empresa como: *a boa vontade das pessoas é a única coisa duradoura em qualquer negócio. É a única substância. O resto é passageiro.* Isso orienta a empresa até hoje.

O cerne da questão

Viver sua missão primária é o primeiro pré-requisito para estar em harmonia espiritual. Viver a sua missão primária significa, literalmente, tornar-se a própria missão, incorporando e exibindo de forma contínua o que a missão representa.

9.

OS VERDADEIROS CRIADORES NÃO SÃO COMPETIDORES

9. OS VERDADEIROS CRIADORES NÃO SÃO COMPETIDORES

Não há nada de nobre em ser superior ao seu semelhante; a verdadeira nobreza é ser superior a quem você já foi.

Ernest Hemingway

Seguindo o primeiro valor central da sua alma, de viver a sua missão primária, o próximo valor essencial é a sua intenção de criar em vez de competir. Infelizmente, uma grande parte da vida contemporânea está focada na exploração do talento natural para ganho pessoal — aproveitar ao máximo sua própria capacidade de vencer os outros e conquistar tudo, acumular mais dinheiro ou adquirir a maior montanha de bens materiais para refletir riqueza, poder e sucesso. Este é um erro frequente: competir em vez de criar como força motriz. Como a maioria das pessoas, talvez você já tenha se perguntado muitas vezes se existe o suficiente para você para os outros. Por exemplo, se você queria uma promoção no trabalho e outras duas pessoas tinham o mesmo desejo, mas apenas um de vocês conseguiu ser promovido, você pode perguntar: "Como assim? Não há o suficiente para todos nós?" Sim, você teria razão em fazer essa pergunta, porque da sua perspectiva não há o suficiente para todos. A minha resposta é:

"Há mais do que o suficiente para você e para o resto de nós, desde que o foco seja a criação e não a concorrência". Uma maneira eficaz de entender melhor isso é pela compreensão dos Diferentes Níveis de Você, que não apenas ajuda a reconhecer os valores inerentes alinhados com sua missão primária em cada nível do eu, mas também permite que você identifique o nível em que deve estar enquanto vive sua missão primária.

Todos os seres humanos têm quatro níveis de consciência que coexistem. Wayne Dyer, em *Wishes Fulfilled* (sem tradução para o português), propõe um modelo um tanto semelhante, explicado detalhadamente em uma série de capítulos. No entanto, a qualquer momento, você está operando em apenas um desses níveis.

Diferentes níveis de personalidade

SEU EU ULTRA-EVOLUÍDO:
Alma/
superconsciência.

→ **ESPÍRITO UNIVERSAL PURO E NÃO ADULTERADO**

SEU EU EVOLUÍDO:
Como posso servir?
Centrado na criação e não baseado na competição.

→ **SENTIMENTO — FLUI PRINCIPALMENTE DO CORAÇÃO**

FORTE ALINHAMENTO COM O ESPÍRITO UNIVERSAL

SEU SEMIEGO:
Dominado pelo intelecto com poucos elementos de obra, focado em: "O que posso ganhar?"

Essencialmente, foco em competição com a necessidade de "vencer" e ser melhor que os outros

→ **INTELECTO — FLUI PRINCIPALMENTE DO CÉREBRO**

SEM ALINHAMENTO COM O ESPÍRITO UNIVERSAL

SEU EU-EGO:
Foco em competição, com desejo urgente de vencer, impulsionado pela vontade de ser melhor que os outros e pela abordagem "O que posso ganhar". Quase ausência de criação e doação.

O seu eu ultraevoluído é o seu nível mais elevado de ser e é sinônimo de espírito universal. Messias como Jesus, Buda e Krishna viviam e operavam principalmente a partir desse nível, enquanto outras pessoas altamente evoluídas, como Madre Teresa e Mahatma Gandhi, viviam e operavam logo abaixo desse nível.

Seu eu evoluído é o próximo nível e aquele em que você deve viver e operar se estiver manifestando sua riqueza infinita. Isto está intensamente alinhado e em harmonia com o espírito universal. Além disso, neste nível, você está vivendo sua missão primária, concentrando-se mais naquilo que pode dar e em como pode servir os outros. Você está além da fase de competição e o sentimento predominante é o de criar.

Pense agora nas missões de Steve Jobs, Henry Ford, JRD Tata e Herbert Johnson Sr., descritas no último capítulo. Pergunte a si mesmo se alguma dessas missões passa qualquer impressão de tentar ser melhor do que outras. Será que estas missões afetam de alguma forma a concorrência? A resposta é não, porque as pessoas por trás dessas empresas estavam singularmente focadas na prestação de um serviço específico, como evidenciado em suas declarações de missão. O resto girava em torno desse propósito primário, pois operavam no nível do eu evoluído.

O terceiro nível é o seu semi-ego. Trata-se principalmente da necessidade do ego de vencer, ser melhor do que os outros e competir.

O objetivo dominante é ganhar. Pode haver pequenos elementos de dar e criar, mas, sobretudo, trata-se de obter e ganhar, e o nível é orientado pelo Intelecto. É aqui que a maior parte da humanidade opera no momento. Uma mentalidade típica, neste ponto, seria aquela na qual o objetivo primário consiste em quanto dinheiro pode ser ganho e quantas vendas podem ser concluídas por ano. Poderia muito bem haver uma missão um tanto superficial à espreita no fundo, complementada com a perspectiva de o cliente obter um produto/serviço e, no processo, justificar que não há nada de errado em se concentrar principalmente no dinheiro ganho e nas vendas efetuadas.

O último nível é o seu eu-ego. É tão centrado no ego quanto possível e é inteiramente orientado pelo intelecto. O objetivo principal é competir, vencer e ser melhor do que os outros, e é o mais dissociado possível do espírito universal. Pense neste nível como uma versão mais intensa do semi-ego. É raro operar totalmente a partir deste lugar, mas é possível, e aqueles que o fazem representam uma minoria bastante pequena.

Infelizmente, a promoção da concorrência tem sido uma parte fundamental da mentalidade da maioria das pessoas, particularmente na comunidade empresarial global. Esse condicionamento define competir — ou mais precisamente, vencer — como sinônimo de progresso e desenvolvimento. E "vencer" outra empresa ou pessoa é um dos princípios mais importantes de muitas empresas.

Em muitos aspectos, esta é a base do ecossistema global mais amplo — **é um dos pilares no sistema educacional que nos distrai da nossa missão primária.** Desde a escola até a universidade, no sistema educacional, nos esportes, no empreendedorismo e no setor empresarial, a humanidade chegou a um estado no qual a ênfase costuma ser ganhar enquanto se compete, e não criar enquanto se coopera.

O "Santo Graal", então, é deixar o semi-ego rumo ao eu evoluído. Esta é a mudança necessária para quem pretende deixar de viver na zona "convencional". Uma vez que você começa a viver nesse novo espaço, você prospera naturalmente, *alinhando-se com o espírito da opulência* — algo que Troward descreve muito bem.

Outra grande obra nesta área, escrita há cerca de 80 anos, é *Em busca de sentido*, o primeiro livro de Viktor Frankl. A citação seguinte foi extraída da introdução e naturalmente se alinha com o que você estudou até aqui sobre sua missão primária.

> *Não almeje o sucesso. Quanto mais você o almejar e torná-lo um alvo, mais distante ficará dele. Pois o sucesso, como a felicidade, não pode ser perseguido; precisa acontecer, e só acontece como efeito colateral não intencional da dedicação pessoal a uma causa maior do que a própria pessoa. A felicidade deve acontecer, e o mesmo vale para o sucesso: você tem que deixar que ele aconteça, não se preocupando com ele.*

O cerne da questão

Empresas que prosperam (não apenas sobrevivem) ao longo do tempo seguem, consciente ou inconscientemente, a máxima de verdadeiros criadores não serem competidores.

10.
O TESTE PRIMÁRIO DE VISÃO

10. O TESTE PRIMÁRIO DE VISÃO

Sua visão primária é a forma física que sua missão primária assume

Pushkar Anand

Como o nome sugere, o último valor essencial é um teste de visão. Ao contrário do que acontece em uma visita ao oftalmologista, no entanto, você vai aprender a fazer esse teste sozinho. Entenda como é possível definir sua visão primária.

Os quatro testes

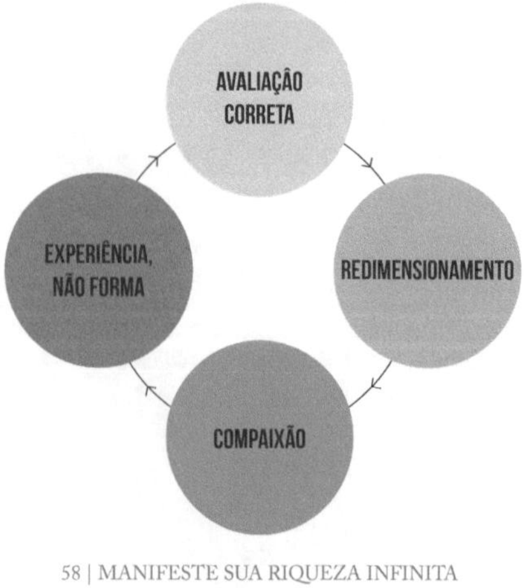

Uma avaliação correta consiste em garantir que a visão objetive a criação e não a concorrência. Também exige que a contribuição e doação, por sua vez, sejam muito mais importantes do que receber, impactando positivamente todos a quem servimos. Por fim, a pessoa que você se torna ao longo do processo deve contar muito mais do que o que você recebe.

Sua visão primária deve **redimensionar** você, fazendo com que sinta, desde o início, que precisa se reinventar. Mais importante ainda é que, no momento, você não deve saber como chegar lá.

Embora mais de um profissional de desenvolvimento pessoal tenha exposto essa visão, cerca de seis anos atrás, quando li *No Comando da Matrix*, de Mike Dooley, complementando o estudo com um curso on-line de mesmo nome, eu amei como ele falou sobre o "Como" não ser relevante. Ainda me lembro da minha parte favorita, quando em várias ocasiões ele usou a expressão "Maldito como"! "Maldito" por não saber como isso afasta as pessoas facilmente do destino que idealmente escolheriam — semelhante à visão primária.

Sua visão primária deve operar com uma base de **compaixão**. Blaine Bartlett (Grão-Mestre B^2) é o coautor de *Compassionate Capitalism: A Journey to the Soul of Business* (sem tradução para o português), onde ele propõe exatamente essa ideia.

Outro conceito valioso que ele propôs é concentrar-se **na experiência e não na forma**. Isso leva a encontrar o equilíbrio entre o específico e o geral. Ao mesmo tempo que especificar demais, muitas vezes, contradiz a avaliação correta, especificar de menos pode levar à perda do foco.

Você verá agora dois exemplos de visões primárias contrastantes. A finalidade delas é ajudar a desenvolver a sua perspectiva enquanto você trabalha para identificar a sua missão e visão primárias no próximo capítulo.

Visão primária I

CEO solidário no setor de startups de tecnologia até 31 de dezembro de 2025, que desenvolve novos líderes e usa o poder da tecnologia para beneficiar o mundo.

Essa visão passa no teste de avaliação porque o foco está na criação e não na concorrência, sem mencionar nenhuma empresa em particular, há uma menção clara de retribuir enquanto o evento ajuda o ecossistema mais amplo. Além disso, a iniciativa parece transformadora, desenvolvendo pessoas com a liderança certa. Ela passa no segundo e terceiro testes de expandir a pessoa e demonstrar solidariedade, respectivamente, pois o objetivo é ser um CEO, especificamente, ser um CEO solidário. Por último, passa no teste final de se concentrar na experiência e não na forma, porque é uma iniciativa um pouco específica, mas direcional, com a especificidade da transformação em CEO, embora não seja excessivamente específica, por se concentrar em uma determinada empresa.

Visão primária II

Um CEO continuamente vitorioso e implacável da empresa X até 30 de junho de 2026.

Isso falha no primeiro teste de avaliação porque se concentra na concorrência e não há menção de retribuição ou desenvolvimento mais amplo. Embora pareça atender ao segundo pilar, de expandir a pessoa que considera que o alvo é tornar-se um CEO, falha no terceiro teste, o da solidariedade, porque não só há ausência de compaixão, mas o objetivo inclui "vitória contínua" e "conduta implacável", ações que se afastam da compaixão. Por último, não atende ao quarto pilar, de se concentrar na experiência e não na forma, pois faz o oposto, pelo desejo de ser o CEO de uma empresa específica.

Para complementar, é importante ressaltar que, embora, por um lado, a verdadeira criação aconteça em harmonia com o espírito universal, muitas pessoas não muito agradáveis e implacáveis conseguem criar com avidez também. O fato é que quando a criação acontece em desarmonia com o espírito universal, há consequências. As questões a considerar aqui são se tal criação é sustentável, se deixa o criador e os impactados pela criação felizes, se é motivada pelo ego e se acaba mal.

O melhor exemplo dessa situação foi extraído do início de *Você Nasceu Rico*, de Bob Proctor, onde ele fala sobre uma reunião em um hotel dos EUA entre os oito financiadores mais ricos, que controlavam mais dinheiro juntos que o governo dos EUA. Vinte e cinco anos depois, os membros estavam falidos, tinham enlouquecido ou haviam cometido suicídio.

É importante mencionar isso porque quero destacar que, embora esses homens tenham sido todos bem-sucedidos, ricos e dominantes em seu campo de ação, em algum ponto ao longo das suas respectivas jornadas de construção de seu império e da manifestação de seus objetivos, eles desconsideraram o dom importantíssimo de criar em harmonia com o espírito universal.

Dito isso, todos os seres humanos têm o dom do livre arbítrio. Em outras palavras, quem acredita que o caminho para si é visar uma criação que não está em harmonia com o espírito universal está no seu direito. Cada um tem a liberdade de seguir esse caminho. No entanto, é improvável que alguém em harmonia com as leis da natureza e com o espírito universal siga essa trilha.

O cerne da questão

Passar nos quatro testes é fundamental para uma visão primária que corresponde com autenticidade à sua missão principal e se encaixa bem no quadro do modelo multifacetado.

11.

IDENTIFIQUE SUA MISSÃO E VISÃO PRINCIPAIS

11. IDENTIFIQUE SUA MISSÃO E VISÃO PRINCIPAIS

Sua missão na vida é encontrar seu propósito e entregar todo o seu coração e alma a ele.

Buda

Agora que você está bem familiarizado com a teoria, é hora de abordar os passos práticos necessários para liberar sua riqueza infinita. Por um lado, você aprendeu que todos temos uma missão primordial a cumprir, mas, por outro lado, também aprendeu sobre a Bolha CR, que muitas vezes nos afasta da finalidade de viver o nosso *Dharma* e cumprir essa missão. A primeira coisa que quero fazer é ajudar você a voltar a se reconectar e a identificar sua missão primária por meio da ferramenta de reconexão em três passos.

Essa ferramenta compreende três etapas que auxiliam a definir sua missão e visão primárias. É necessário dedicar três a quatro minutos a cada passo:

Exercício 1

Passo 1: Liste de um a três dos seus maiores talentos.

____

____

Passo 2: Liste de um a três dos seus valores fundamentais.

____

____

Passo 3: Se tivesse tudo o que deseja e não precisasse mais trabalhar, o que você gostaria de fazer para se sentir completo e energizado? Que grande ação ou trabalho você compartilharia com as pessoas mais próximas e queridas com entusiasmo ou brilho nos olhos? Anote sua resposta, acrescentando também como, no processo, isso pode ajudar as pessoas a quem você servirá.

____

____

____

____

Depois de dar suas respostas, você então descobre sua missão primária e a visão correspondente. Sua missão primária é uma frase ou breve declaração focada mais em servir os outros. A visão correspondente é uma representação de como seria a missão primária que se desenvolveria com sucesso. E sim, o importante efeito colateral da abundância financeira também aparece com destaque!

A visão primária e o efeito colateral da abundância financeira devem ser quantificáveis e ter prazos específicos. Para iniciar sua jornada com a **Ferramenta de Reconexão em Três Etapas™**, vou compartilhar três exemplos. O primeiro é meu e o segundo é o de uma cliente especial que tem mais de uma missão.

Centro de Riqueza Infinita®

Respostas para o passo I: Falar em público, escrever e inspirar outras pessoas.

Respostas para o passo II: Explicar a missão com um estilo de vida empresarial e "percepção de crescimento", defender o capitalismo humanitário e ser um centro de distribuição de riqueza infinita.

Respostas para o passo III: Elevar as pessoas, permitindo que vivam a sua missão primária ou *Dharma* enquanto manifestam sua riqueza infinita

Missão primária: Elevar a Humanidade.

Visão primária: Despertar quatro milhões de pessoas, permitindo primeiro que identifiquem e depois que manifestem sua riqueza infinita, e estabelecer o **Centro de Riqueza Infinita®** como uma marca de desenvolvimento pessoal conhecida e respeitada em todo o mundo. Até meu aniversário de 50 anos, em 21 de outubro de 2026.

Efeito colateral de abundância financeira: meu patrimônio líquido será de US$ X* até meu aniversário de 50 anos em 21 de outubro de 2026.

Rowanvale Books

Cat Charlton, fundadora e diretora administrativa do grupo Rowanvale, não é apenas minha editora internacional (exceto no subcontinente indiano), mas também alguém que acompanhei de perto em sua jornada de desenvolvimento pessoal. Cat entrou no universo da publicação quando seu pai, que estava interessado em contratar uma editora híbrida, foi enganado por mais de uma editora e teve uma experiência difícil ao tentar colocar seu livro à disposição do público. O propósito de Cat era garantir que cada autor com quem ela trabalhasse tivesse uma experiência perfeita e nunca tivesse que passar pelas situações que seu pai enfrentou. Você pode ler mais sobre Cat e sua jornada em https://www.rowanvalebooks.com

* Note que a maioria dos valores não é informada nos exemplos por questões de privacidade.

Se você interagisse com Cat, como eu tive a chance de interagir, perceberia que ela não só é altamente enérgica, mas também quer fazer um monte de coisas! Ela é uma das apenas duas pessoas que recomendei que definisse mais de uma missão. Normalmente, não recomendo várias missões quando elas surgem; a exceção é rara. Acontece quando sinto que isso é melhor para a pessoa e para quem ela servir.

Respostas para o passo I: Gestão de projetos e criação de parcerias.

Respostas para o passo II: Honestidade, justiça e equilíbrio.

Respostas para o passo III: Capacitar os outros, especialmente aqueles que mais precisam.

Missão primária principal: Capacitar autores, funcionários e empresários carentes.

Missão primária secundária 1: Garantir que os autores tenham uma experiência de publicação híbrida perfeita.

Missão primária secundária 2: Empenhar-se para que cada funcionário/prestador de serviços da Rowanvale tenha um excelente equilíbrio entre vida profissional e vida pessoal.

Missão primária secundária 3: Facilitar para empresários carentes a tarefa de desenvolver suas empresas.

Visão primária principal: Fazer com que a Rowanvale Books seja reconhecida em todo o mundo como (i) um editor híbrido ético líder com distribuição física; (ii) um empregador de primeira linha que permite que funcionários/prestadores de serviço alcancem o equilíbrio ideal entre vida pessoal e profissional; e (iii) um mentor consagrado para aspirantes a empresários carentes. Até 11 de abril de 2027, no aniversário de 37 anos de Cat.

Visão primária secundária 1: Servir X autores para publicar seus livros, incluindo X sucessos de vendas.

Visão primária secundária 2: Garantir que todos os funcionários/prestadores de serviços, totalizando X, alcancem o equilíbrio ideal entre vida profissional e pessoal.

Visão primária secundária 3: Garantir que C dos empresários carentes tenham sido afetados positivamente.

Efeito colateral de abundância financeira: meu patrimônio líquido (de Cat) será de US$ X até seu aniversário de 37 anos em 11 de abril de 2027.

Exercício 2

Com base nos exemplos anteriores, use o **Modelo de reconexão em três passos**™ para definir sua própria missão primária e a visão correspondente. Você sempre tem a liberdade de reformular e ajustar suas respostas ao iniciar sua jornada. As respostas não precisam ser definitivas nesta fase, mas é importante ter um esboço traçado para prosseguir — caso contrário, você corre o risco de tentar improvisar constantemente e não começar.

O cerne da questão

Começar a identificar sua missão e visão primárias é um marco importante — parabéns!

12.
A ESCALA DA SUA VISÃO PRIMÁRIA

12. A ESCALA DA SUA VISÃO PRIMÁRIA

Quanto maior a oportunidade, menos pessoas a veem.

James Cook

Quando me deparei pela primeira vez com essa citação de James Cook, há vinte e cinco anos, e estando recém-formado, devorei o livro de Akio Morita, *Made in Japan*. Morita foi o cofundador da Sony Group Corporation e a força motriz por trás da empresa. A obra é autobiográfica, falando mais sobre a Sony do que sobre Morita.

Em 1957, quando era uma empresa iminente, a Sony fabricou o primeiro rádio transistor portátil do mundo, recebendo uma encomenda massiva da empresa norte-americana Bulova Watch Company. No entanto, a condição da Bulova era que os rádios fossem vendidos com a marca Bulova em vez da Sony.

O sócio de Morita, cofundador da Sony, bem como a equipe de liderança sênior, pensaram que Morita estava louco por recusar o acordo e estavam ansiosos para prosseguir com o pedido. Morita, no entanto, foi inflexível em não suprimir o nome da empresa e, em vez disso, vender os rádios com a marca Sony. Isso se tornou uma questão bastante controversa dentro da Sony, mas Morita acabou por prevalecer, convencendo os demais de que a Sony deveria permanecer fiel a seus princípios norteadores, incluindo a adesão à sua missão primária ou, no contexto do que você estudou, o seu *Dharma*.

Na conversa que se seguiu entre Morita e o executivo de compras da Bulova, Morita foi informado de que estava perdendo uma grande oportunidade e como era infrutífero manter o rádio sob a marca Sony, porque ninguém conhecia a empresa, mas todos reconheciam a Bulova como uma marca consagrada com cinquenta anos de história. A resposta de Morita foi a seguinte: "Cinquenta anos atrás, ninguém conhecia a Bulova; da mesma forma, ninguém conhece a Sony hoje, mas estou dando o primeiro passo para que todos conheçam em cinquenta anos".

Hoje, a Bulova é propriedade da Citizen Watch Company, relojoeira japonesa. Da receita anual da Citizen de cerca de US $ 2,2 bilhões, menos de 10% vem da marca Bulova. A Sony tem hoje uma receita anual de cerca de 88 bilhões de dólares.

Outro exemplo que destaca o mesmo ponto é o de Wayne Dyer, presente no livro *Wishes Fulfilled*. Wayne compartilha o exemplo dos seus superiores da marinha dizendo que, aos 22 anos, ele era velho demais para recomeçar e que a sua vida estaria agora repleta de incertezas. Wayne pensou o seguinte:

> *Mas eu tinha um sonho — uma imaginação tomada pela ideia de ensinar, escrever e falar para grandes públicos. Eu me via no palco. Eu me via como um autor de destaque. E essa visão não seria sabotada pela opinião de outra pessoa sobre o que eu deveria ou poderia me tornar.*

Muitas vezes, quando você define sua missão primária, embora a missão em si seja válida, você determina sua escala com base em suas experiências e condicionamentos passados. Na maioria das vezes, isso produz uma missão cuja escala é incrementalmente maior do que o nível a que você está acostumado, mas em geral segue o que é chamado de caminho linear.

Albert Bartlett, um acadêmico americano formado em Harvard, reconheceu tal fato e declarou:

> *"A maior deficiência da humanidade é sua incapacidade de compreender a função exponencial."*

A principal razão para essa deficiência é que a sociedade funciona globalmente na função incremental-linear — os números de crescimento de um dígito costumam ser a regra. No entanto, ao estabelecer algo novo, por que permanecer linear e incremental? Em vez disso, por que não ser radical e exponencial?

Talvez o melhor exemplo para entender o conceito da função exponencial seja a fábula indiana do xadrez. Conta-se que houve um ministro que inventou o jogo de xadrez e compartilhou com o rei. O rei, encantado com o trabalho, perguntou ao homem o que ele desejava como recompensa. O ministro pediu humildemente um grão de arroz para si, o dobro da quantidade para sua mulher, o dobro dessa quantidade para sua mãe, o dobro da quantidade para seu pai e assim por diante. Cada membro da família, e depois todos em sua aldeia, era representado por um quadrado no tabuleiro de xadrez, e a quantidade continuava a duplicar até chegarem ao último quadrado do tabuleiro. Este, por sua vez, atingiu uma soma final, igual a $(2)^{64}$ ou cerca de 18 bilhões, que era muitas vezes mais do que a produção mundial de trigo! Em um primeiro momento, o pedido pareceu pequeno aos olhos do rei, mas quando a contagem começou a aumentar após os primeiros quadrados, a extensão do cálculo ficou clara para o rei e ele percebeu a escala do pedido.

Da mesma forma, agora, veja a escala da sua empresa a partir de uma perspectiva de crescimento exponencial. Mesmo que você tenha historicamente visado crescer, digamos, 5% ou 10% ao ano, se você entrar no movimento de crescimento exponencial, digamos, 150%

de crescimento em três anos, a tarefa parecerá mais viável.

Na mesma linha, vale a pena abordar esse conceito de ser razoável e realista. Costumo dizer que ser razoável e realista produz resultados razoáveis e realistas, ao mesmo tempo que um comportamento não razoável e pouco realista produz resultados correspondentes! Isso não significa que devamos ser irracionais e irrealistas o tempo todo. Só significa que não devemos restringir o chamado que vem de dentro de nós porque o condicionamento social dita que devemos ser razoáveis e realistas.

Coincidentemente, o grande intelectual George Bernard Shaw também disse o seguinte:

> *"O homem razoável adapta-se ao mundo; o homem irracional insiste em tentar adaptar o mundo a si mesmo. Todo o progresso depende, portanto, do homem irracional."*

Compreender e aplicar o pensamento deste capítulo ajuda você a romper com o pensamento predominante do progresso incremental linear e liberar ainda mais a sua capacidade de ser livre de verdade. Esse novo pensamento desenvolve profundamente sua capacidade, especialmente ao determinar sua visão primária, de definir a escala de seu impacto de acordo com o que você realmente deseja alcançar, e não com o que você acha que pode alcançar.

Um aspecto interessante sobre a aprendizagem é que, uma vez que você sabe como algo pode ser alcançado, isso já é meio caminho andado; a outra metade consiste em uma implementação bem-sucedida. Da mesma forma, neste contexto, uma vez que você descobre o poder da função exponencial, em especial quando comparada com a linear, tem então uma base sólida para ascender.

Assim, eu acho que a **Regra de Três™** é um método robusto, especialmente no início da jornada.

Regra de Três™

- Use cronogramas de três anos ao definir sua missão e visão primárias.

- Logicamente, e com base na experiência, seja qual for a escala da sua visão primária, aumente-a três vezes.

- Da mesma forma, o que quer que você pense logicamente que pode ser seu patrimônio líquido, aumente-o em três vezes.

Com base na minha experiência ao longo dos anos, aumentar a escala da sua visão e do seu patrimônio líquido três vezes resulta em um bom equilíbrio entre ter amplitude e ser um pouco irracional e irrealista, mas sem ir tão longe a ponto de se perder. Além disso, o aspecto mais importante da **Regra de três**™ no início da sua jornada é ajudar você a romper com a sua velha maneira de pensar e conduzir aos primeiros degraus da escada de um pensamento não demasiadamente racional. A razão para o cronograma de três anos é que não é nem iminente como uma perspectiva de um ano, nem tão distante quanto dez anos e, quando você começa a trilhar esse caminho, fica em uma posição forte para ser exponencial, mas mantém seletivamente as melhores partes da abordagem incremental. À medida que avança mais nesse caminho, você evolui para ser ainda mais exponencial, mantendo as portas abertas para escolher a ferramenta ímpar da abordagem incremental para complementar a mentalidade exponencial.

Por último, não perca de vista o fato de ter vinte e quatro horas no dia, independentemente da escala da sua visão. Quer mire alto ou baixo, quer decida alcançar as estrelas ou não, você tem apenas esse tempo todos os dias para causar o impacto que deseja.

Napoleon Hill fez um apontamento semelhante, há quase um século, em seu clássico atemporal, *Quem pensa enriquece*:

> *"Não é necessário mais esforço para conquistar um nível elevado de vida, para exigir abundância e prosperidade, do que o necessário para aceitar a miséria e a pobreza."*

Exercício 1

Com o que você aprendeu neste capítulo, pense na escala renovada de sua visão primária e no efeito colateral da abundância financeira que você elaborou ao longo do exercício II no último capítulo. Em seguida, aumente-os de acordo.

O cerne da questão

Parc dc scr incrcmcntal, rcalista c racional, comccc a scr radical, irrealista e irracional com seus sonhos!

13.

DINHEIRO, DINHEIRO, DINHEIRO: A QUESTÃO É REALMENTE O DINHEIRO?

13. DINHEIRO, DINHEIRO, DINHEIRO: A QUESTÃO É REALMENTE O DINHEIRO?

> *Deixo o dinheiro servir a seu propósito, mas não vivo para servir o dinheiro. Penso que é por isso que temos uma relação tão boa.*
>
> ***Oprah Winfrey***

No capítulo de abertura da parte I, vimos que:

> *Há um capítulo subsequente intitulado "**Dinheiro, dinheiro, dinheiro: a questão é realmente o dinheiro?**", onde você vai aprender **As Seis Leis do Dinheiro**. Neste momento, é necessário um pouco de contexto sobre o papel do dinheiro a se considerar durante a leitura deste livro e, por isso, apresentarei um desses estatutos como amostra.*

É exatamente por isso que este capítulo foi escrito e colocado no ponto logo depois de você ter definido sua missão primária, visão e efeito colateral da abundância financeira — para que você possa colocar o dinheiro em seu devido lugar e deixar que ele sirva a seu propósito sem agir como uma distração de viver sua missão principal.

As Seis Leis do Dinheiro™

1. Desaprenda o que aprendeu historicamente sobre a sua relação com o dinheiro	2. Defina exatamente quanto dinheiro em seu nome garantiria que você não precisasse mais se preocupar com a falta de dinheiro.
3. Nada é **GRANDE** ou **pequeno** por si só — é você quem decide.	4. Há uma diferença entre as pessoas com mais dinheiro do que precisam e você. É possível contornar isso com o estudo e a disciplina certos.
5. O dinheiro em si não vale nada, mas seu valor é dado pelo que representa.	6. As regras do recebimento de dinheiro.

Lei I — Desaprenda o que aprendeu historicamente sobre a sua relação com o dinheiro.

Exercício 1

Escreva, em duas ou três linhas para cada pergunta: qual é a sua relação atual com o dinheiro e, mais importante, no futuro, qual a relação que gostaria de ter. Aqui estão algumas perguntas que você pode fazer a si mesmo, mas não são as únicas possíveis:

(i) Eu controlo o dinheiro ou o dinheiro me controla?

____

____

(ii) O dinheiro é o meu senhor ou eu sou o senhor do dinheiro?

____

____

(iii) Trabalhar mais horas me leva a ganhar mais dinheiro?

____

____

(iv) Além de trabalhar mais, há alguma coisa que eu possa fazer para conseguir a quantidade de dinheiro que eu realmente desejo?

____

____

Lei II — Decida exatamente quanto dinheiro garantirá que você nunca mais precise se preocupar com falta de dinheiro.

Esta Lei não poderia ser mais simples — de quanto você gostaria que fosse o seu patrimônio líquido? Não se preocupe com a forma como irá obter esse patrimônio líquido. Isso porque, se nessa fase você começar a pensar sobre o *Maldito Como* que vimos antes, você não conseguirá determinar qual patrimônio líquido você deseja ter. Admita para si mesmo o patrimônio líquido que realmente quer e esqueça o *como* neste momento.

Exercício 2

Ignorando o *como*, e sem estabelecer um cronograma para atingir esse patrimônio líquido, anote a soma total que você deseja.

____

Lei III – Nada é GRANDE ou pequeno por si só — é você quem decide.

A princípio, isso pode parecer absurdo para você. Quando me deparei com esse conceito pela primeira vez, também pensei isso. No entanto, à medida que estudei e reforcei a minha consciência ao longo do tempo, aprendi que não só isso é verdade, como também é uma das ideias mais valiosas que alguém pode adotar.

Há uma metáfora simples que considero mais útil para reforçar esse ponto. São necessários dois casos extremos para auxiliar na compreensão profunda desta lei.

Suponha que existe um megaprojeto no qual a pessoa mais rica do mundo está ansiosa para investir. Para participar, o financiamento necessário dessa pessoa é de 220 bilhões de dólares, mas seu patrimônio líquido é de "apenas" 200 bilhões de dólares. A pessoa mais rica do mundo, então, não é rica o bastante para financiar o projeto mais importante para ela? De repente, seu patrimônio líquido não é **GRANDE**, mas **pequeno** quando visto nesse contexto.

Separadamente, suponha que uma pessoa reclusa more em uma pequena cabana nas montanhas com um pequeno terreno onde cultiva frutas, legumes e verduras, em parte para consumo próprio e em parte para se sustentar. Seu patrimônio líquido é de US$ 3.000 e a renda obtida serve apenas para pagar três refeições por dia e manter os serviços básicos dessa pequena habitação. As necessidades dessa pessoa são, no entanto, duas refeições por dia, deixando-a assim com um fluxo excedente de forma contínua. De repente, com um patrimônio líquido de US$ 3.000 e um empreendimento agrícola básico, o capital que ela tem é **GRANDE** e não **pequeno.**

Agora ficou claro — nada é **GRANDE** ou **pequeno** por si só, cabendo a cada um de nós decidir isso!

Lei IV — Há uma diferença entre as pessoas com mais dinheiro do que precisam e você. É possível contornar isso com o estudo e a disciplina certos.

Independentemente de estarem conscientes disso ou não, ou do nome que deem a seu modelo de sucesso financeiro, as pessoas com mais dinheiro do que precisam executam com sucesso as lições do **Modelo Multifacetado** que discutimos anteriormente. Depois de dominar esse modelo e, mais importante, a capacidade de aplicar com sucesso as suas principais lições, você estará a caminho de se juntar àqueles que têm mais dinheiro do que precisam.

Lei V — O dinheiro em si não vale nada, mas seu valor é dado pelo que representa.

O dinheiro, como um bem independente, não vale o papel em que está impresso.

De todas as características do dinheiro, a **mais poderosa** é proporcionar **liberdade de tempo**. Lembre-se de que *mesmo a pessoa mais rica do mundo tem apenas 24 horas por dia*. Agora, imagine uma vida em que você tem total liberdade de tempo, porque não precisa se preocupar em gerar a renda pela qual tem que trabalhar o dia todo.

Exercício 3

Supondo que você tenha liberdade de tempo e todo o dinheiro que quiser, escreva uma breve descrição de sua vida ideal. Fique à vontade para escrever o que quiser, mas descobri que algumas descrições específicas são valiosas. Elas incluem, sobretudo, com que você ocuparia seu tempo, o tipo de casa em que gostaria de viver, como contribuiria para a sociedade e como se divertiria. Tente manter essa descrição dentro de quatro ou cinco linhas.

____

____

____

____

____

____

Lei VI — As regras do recebimento de dinheiro.

A Lei denominada *As regras do recebimento de dinheiro* diz que o dinheiro que você recebe está diretamente relacionado a:

(i) Se o sentimento dominante da sua empresa é "dar" uma experiência excepcional de produto/serviço ou "receber" o montante máximo de dinheiro.

____

(ii) O seu objetivo e se a sua empresa representa adequadamente esse objetivo.

____

____

(iii) O que é único ou realmente especial em sua empresa.

____

____

Exercício 4

Responda às três perguntas anteriores em relação à sua empresa.

Devo acrescentar que a *Lei da Compensação*, de Bob Proctor, foi a única vez em que me deparei com alguém tentando responder por que você recebe uma certa quantia de dinheiro em troca do que sua empresa fornece. Ela diz que a quantidade de dinheiro que você ganha será sempre na proporção exata: (1) da necessidade do que você faz; (2) da sua capacidade de produção; e (3) da dificuldade de substituir você.

Exercício 5

Agora, pergunte a si mesmo se acha que é uma questão de dinheiro ou não, e o que você pensa sobre a citação de Oprah Winfrey no início deste capítulo. Ao escrever sua resposta, considere os seguintes fatores:

(I) Ter tanto dinheiro contradiz a vivência genuína da minha missão primária ou *Dharma*? (ii) Não poderei me concentrar em servir os outros se tiver essa quantia de dinheiro? (iii) Como posso fazer o meu trabalho ou gerir a minha empresa com êxito se gerar dinheiro para mim não é o objetivo central? (iv) Adoro dinheiro! Por que razão eu não deveria tornar o dinheiro a motivação? E o exemplo das oito pessoas mais ricas, no Capítulo 6?

____
____
____
____
____

Quando refleti sobre essas questões, percebi que:

- Embora não fosse uma questão de dinheiro para mim, eu desejava uma certa quantia financeira.
- Embora a missão primária se eleve acima do foco financeiro como alvo central, o dinheiro é um importante efeito colateral de viver minha missão primária.

- Destaquei **As regras do recebimento de dinheiro** porque, se a sua pontuação for elevada nas três regras, você não terá que se preocupar com dinheiro. Isso porque seguir essas regras garante o fluxo abundante de dinheiro.

Nesse ponto, em meu benefício, resumi a minha resposta, que agora compartilho com você:

NÃO é uma questão de dinheiro, MAS não podemos ignorar o dinheiro. Concentre-se em viver sua missão primária e anote a quantia desejada como efeito colateral de abundância. Além disso, não se concentre no dinheiro, mas em servir os outros, enriquecendo significativamente suas vidas e melhorando cada vez mais no que você faz — o dinheiro continuará chegando sem parar.

O cerne da questão

Leia este capítulo de novo. À medida que avançar no caminho para manifestar sua riqueza infinita, continue a consultar e/ou adaptar as respostas para os exercícios deste capítulo. Faça isso periodicamente até estar 100% confortável com o novo relacionamento que você cultivou com o dinheiro!

14.
GERENCIAMENTO DO SUBCONSCIENTE: O SEGUNDO PRÉ-REQUISITO

14. GERENCIAMENTO DO SUBCONSCIENTE: O SEGUNDO PRÉ-REQUISITO

Tudo é criado duas vezes — primeiro na mente e depois na realidade.

Mary Morrissey

Mary Morrissey é professora de desenvolvimento pessoal há mais de quatro décadas. Aos 18 anos e se tornando mãe no final dos anos 1960, Mary foi diagnosticada com uma doença renal fatal, com um tempo de vida estimado em seis meses.

Na noite anterior à sua operação, como era normal, a capelã do hospital visitou Mary. Enquanto conversavam, a capelã disse a ela que tudo é criado duas vezes e, embora todos saibam disso, quase ninguém percebe o poder desse conhecimento! Antes que as coisas sejam coisas, elas são pensamentos. Como exemplos, a religiosa apontou para a cama, as cortinas e o vestido que Mary estava usando. Então ela perguntou a Mary o que ela realmente gostaria de fazer se sobrevivesse, e Mary respondeu que adoraria criar seu filho com muito amor e ser professora. A capelã ainda afirmou a Mary que ela poderia se curar completamente se visualizasse a si mesma com boa saúde, mas, mais importante, se ela deixasse de lado o ressentimento que sentia por si mesma. Infelizmente, Mary se culpava muito porque, quando a escola descobriu a sua gravidez, ela se sentiu envergonhada e foi transferida para uma escola diferente, destinada a meninos delinquentes e meninas grávidas.

Para encurtar a história, Mary passou pela cirurgia, mudou seu pensamento, alterando o que sentia por si mesma com base no que a capelã disse, e quatro meses depois, quando os médicos analisaram seu caso, suas palavras foram: "Não conseguimos explicar como seu corpo está funcionando normalmente com apenas um rim, que tem apenas 50% de capacidade. Seja lá o que você está fazendo, continue". Maria está com 75 anos.

Seu mundo exterior é apenas um espelho de seu mundo interior. No *Caibalion* aprendemos que: *o que está em cima é como o que está em baixo, e o que está em baixo é como o que está em cima.*

Isso é reforçado em outro clássico do desenvolvimento pessoal, *O Homem é Aquilo que Ele Pensa:*

> *"A mente é o poder superior que molda e faz, e o homem é a mente [...]. Ele pensa em segredo e acontece: o ambiente é apenas o seu espelho."*

Por outro lado, **tudo** que existe dentro de você se reflete no mundo externo na forma física. **Tudo** que está dentro de você é conhecido como um "padrão" e repousa em sua mente subconsciente, sobre a qual você aprenderá mais no próximo capítulo.

Além disso, dependendo da obra que você está estudando, os termos mais usados com "padrões" na mente subconsciente são programas, crenças, hábitos, modo de piloto automático, entre outros. Bob Proctor, em particular, usou o termo "paradigmas".

Vejamos agora o exemplo de aprender a andar de bicicleta. Para os olhos destreinados, andar de bicicleta é usar as mãos, as pernas e o resto do corpo de uma certa maneira. Sim, é verdade, mas essa é apenas a manifestação externa de um processo interno. Essas partes do seu corpo e o seu próprio corpo são apenas o aparato em ação. Por trás desse aparato, existe um recurso poderoso que dá ao aparato uma orientação para que possa funcionar de forma coesa. Essa força, invisível no esquema diário das coisas, é a mente, e a direção que ela dá é o padrão estabelecido dentro da mente.

Neste exemplo, o padrão que existe em sua mente é você andando de bicicleta com sucesso. Com base nesse padrão, o corpo, que é o aparato ligado à mente, toma as medidas necessárias e você experimenta a manifestação física de andar de bicicleta com sucesso. Mesmo que você não tenha andado de bicicleta nos últimos 20 anos, ao subir nela o padrão assumirá e seu corpo tomará as medidas necessárias para que você tenha sucesso.

Outro exemplo são as tabelas de multiplicação. Gostando de matemática ou não, se solicitado, você conseguirá recitar com facilidade as tabelas básicas, como de dois ou de três, mesmo que não tenha feito as multiplicações em voz alta há anos. A razão aqui também é que o padrão está bem estabelecido desde a infância, e quando você quer dizer essas tabelas em voz alta ou apenas para si mesmo, o cérebro e o resto do aparelho corporal atuam sob a direção da mente.

Os padrões sempre existiram para cada manifestação experimentada em sua vida. A essência deste livro é você manifestar sua riqueza infinita e, portanto, o conteúdo permanecerá focado nos padrões alinhados com a manifestação de sua riqueza infinita.

Agora que você desenvolveu uma compreensão inicial dos padrões, gostaria que observasse que, se você deseja alcançar uma certa manifestação, precisa incutir o padrão correspondente dentro de você.

Isto é simples, mas não é fácil — abordamos essa analogia anteriormente, mas vamos aprofundar um pouco mais agora. Simplicidade é a ausência de complexidade, enquanto facilidade é a ausência de esforço disciplinado e estudo para obter o resultado desejado. Por exemplo, se está com sede, você bebe água — este é um conceito simples. No entanto, virar a torneira e encher o copo é fácil para um adulto, mas não tanto para uma criança, que não é alta o suficiente para alcançar a torneira e colocar o copo debaixo dela. Da mesma forma, infundir um novo padrão é um conceito simples, mas antes que se torne um conceito fácil, deve-se dominar os passos necessários para isso.

O cerne da questão

Gerenciar conscientemente a mente subconsciente requer trabalho focado e passos específicos, que você aprenderá nos próximos dois capítulos.

15.
CONCEITOS FUNDAMENTAIS

15. CONCEITOS FUNDAMENTAIS

As melhores e mais belas coisas do mundo não podem ser vistas nem sequer tocadas — devem ser sentidas com o coração.

Helen Keller

Você aprendeu sobre a mente subconsciente no capítulo anterior e aprenderá a melhor forma de gerenciá-la no próximo capítulo e nos seguintes. No entanto, para apreciar plenamente as próximas páginas, você deve estar familiarizado com alguns conceitos fundamentais primeiro.

Conceito fundamental 1: A mente

Sua mente é a melhor e mais bela coisa que você tem. A maioria das pessoas luta para definir a mente, e algumas até a encaram como sinônimo de cérebro. Invisível aos olhos, pense na mente como um empreendimento intangível e não uma coisa palpável. O cérebro, por outro lado, é um órgão físico tangível. O corpo e todas as suas partes individuais trabalham de forma coesa com o cérebro no leme, sob a orientação da mente. Naturalmente, o cérebro é o órgão mais complexo e primordial do corpo, e técnicas como a meditação e conceitos como a neuroplasticidade ajudam muito a tornar o cérebro mais alinhado com o que você deseja alcançar. No entanto, se você pensar no cérebro como um CEO, pense na mente como o presidente, o chefe do CEO!

Um exemplo simples para apreciar melhor a diferença entre mente e cérebro é quando lemos sobre pessoas no hospital que estiveram em coma ou com morte cerebral, mas quando voltaram ao estado natural, lembraram que no estado de coma tinham consciência de tudo o que estava acontecendo. Essa consciência vem da mente, que vai além das faculdades físicas. Da mesma forma, como sabemos, os animais têm cérebros menos desenvolvidos do que os humanos, mas instintos mais evoluídos; esses instintos evoluídos também vêm diretamente da mente. Se quiser saber mais, recomendo o trabalho da neurocientista Dra. Caroline Leaf.

A mente engloba a mente consciente e a mente subconsciente. A mente subconsciente é muito mais poderosa do que a mente consciente e é mais bem descrita como o centro de poder da mente. A mente consciente é responsável por menos de 10% do poder da mente, e o subconsciente, por mais de 90%. Se deseja aprender mais sobre a mente, recomendo a obra de Joseph Murphy, *O poder do subconsciente*, publicada pela primeira vez em 1963 e considerada por muitos como o livro mais influente sobre a mente.

A mente consciente é a parte intelectual ou pensante da mente e pode aceitar ou rejeitar rapidamente informações e ideias. Os cinco sentidos físicos — visão, olfato, paladar, tato e audição — são as faculdades pelas quais a mente consciente é familiarizada com ideias e informações.

A mente subconsciente, por outro lado, é o sentimento ou parte emocional da mente e não consegue rejeitar o que a permeia. Recebe ideias e informações exclusivamente por meio da mente consciente e, ao contrário desta (que pode aceitar ou rejeitar rapidamente), precisa de repetição consistente para que as ideias ou informações entrem. Uma vez que não pode rejeitar, o que acaba por aceitar trata como verdadeiro, incutindo o padrão relevante. Negativas (ou a palavra "Não") não existem nesse domínio. Então, se você diz para si mesmo ou pensa/sente que, por exemplo, não tem problemas de saúde ou dívidas, a mente subconsciente interpretará isso como se você tivesse dívidas ou problemas de saúde. Por outro lado, se você diz ou pensa/sente que tem saúde perfeita ou riqueza abundante, o subconsciente o considerará saudável ou rico. **Além disso, a mente subconsciente não sabe a diferença entre o que é imaginado e o que é real no sentido físico — o que ela considera verdadeiro, seja imaginado ou fisicamente existente, ela converte em um padrão e o resultado equivalente se manifesta em sua vida.**

O diagrama simples a seguir mostra as principais características das mentes consciente e subconsciente, ao mesmo tempo em que mostra que só é possível alcançar a mente subconsciente por meio da mente consciente.

MENTE CONSCIENTE

- Pode aceitar ou rejeitar
- Mente pensante e analítica
- Faculdades de ver, ouvir, cheirar, saborear, tocar
- Representa menos de 10% do poder mental

↓ ↓ ↓ ↓ ↓ ↓

MENTE SUBCONSCIENTE

- Pode SOMENTE aceitar
- Pode ser acessada SOMENTE por meio da mente consciente
- Mente sensível, onde os padrões se baseiam
- Habilidades dos 3 Is: Intuição, Imaginação, Instinto
- Representa mais de 90% do poder mental
- NÃO DIFERENCIA entre o que estamos experimentando ou manifestando fisicamente e o que estamos imaginando ou sentindo como verdadeiro
- Precisa de repetição consistente para infundir um novo padrão

Conceito fundamental 2: A lei da vibração e a lei da atração

> *Tudo é energia e isso é tudo o que existe. Combine a frequência da realidade que você deseja e você não poderá deixar de obter essa realidade. Não pode ser de outra forma. Isso não é filosofia. Isso é física.*
>
> ***Michael Bernard Beckwith***

Vimos anteriormente que o espírito universal está presente em tudo e em todos — isso também é o que engloba os átomos. Lembra das aulas básicas de química na escola? Tudo e todos são compostos de átomos, que estão em um estado perpétuo de movimento — é isso que está por trás de todas as coisas e pessoas. Porque tudo é energia, e a energia não é criada nem destruída e nunca está parada, tudo está em constante movimento. Este estado de movimento é referido como vibração, sendo medido em frequências.

Michael Beckwith resume bem a questão:

> *Somos seres vibracionais. [...] Se você colocar qualquer coisa sob um microscópio, um microscópio de alta resolução, verá que tudo é vibração. [...] E quando elevamos nossa vibração para o que queremos experimentar, isso acontece primeiro em um nível vibratório. E então isso aparece e se manifesta em nossa vida.*

O consagrado livro *O Caibalion* faz a mesma afirmação:

> *"Nada está parado, tudo se movimenta, tudo vibra."*

A lei da atração é comum na linguagem cotidiana, mas é uma lei secundária que segue a lei primária — a lei da vibração. Isso ocorre porque a lei da atração consiste em atrair aquilo com o que estamos em harmonia. No entanto, você está em harmonia com o que está na mesma vibração que você. Em outras palavras, você atrai o que está vibrando na mesma frequência que você. Não é natural, então, que a lei da vibração seja primária?

Por exemplo, digamos que, enquanto dirige, você muda as estações de rádio do carro. Cada vez que faz isso, pela natureza inerente da frequência correspondente, você manifesta o conteúdo dessa estação. Agora, pense nos padrões como vibrações medidas em frequências humanas e, como o rádio, você perceberá que manifesta fisicamente a experiência que corresponde à sua frequência. É claro que existem inúmeros padrões, mas apenas um que corresponde a qualquer experiência de manifestação específica.

Além disso, o fato de tudo vibrar é tão aplicável a uma rocha como a um sofá e, o mais importante, a você mesmo. Enquanto uma pedra e um sofá também vibram, eles vibram em níveis relativamente básicos e são incapazes de manifestar quaisquer experiências em suas existências. Enquanto isso, um cão vibra em um nível relativamente mais alto em comparação a uma pedra ou um sofá e pode manifestar experiências como comida ou caminhada. Os seres humanos são a forma de materialização mais avançada da natureza, conseguindo vibrar e, consequentemente, se manifestar em níveis muito mais elevados do que todas as outras formas materializadas da natureza.

Conceito Fundamental 3: A ligação entre mente subconsciente e manifestação

Como você sabe agora, os padrões na mente subconsciente são responsáveis por todo o conjunto de experiências que manifestamos ao longo da vida.

No entanto, não existe um método existente para identificar seus padrões, porque a humanidade não evoluiu até esse nível. Por outro lado, os resultados da manifestação em sua vida são um reflexo direto dos padrões correspondentes em seu subconsciente. Como consequência, a melhor abordagem para manifestar o seu desejo é trabalhar de trás para a frente e infundir o padrão correspondente que reflete o seu desejo.

Por exemplo, se você ganha US$ 40.000 por ano, então sabemos que seu padrão correspondente é de US$ 40.000 por ano. Agora, digamos que você deseja receber US$ 250.000. Assim, você sabe que o novo padrão para infundir na mente subconsciente é o de você ganhando US$ 250.000.

Um padrão só pode ser estabelecido na mente subconsciente pela mente consciente — não existe outro caminho. Então, para um novo padrão ser infundido na mente subconsciente, ele não apenas precisa primeiro progredir da mente consciente para o subconsciente, mas também precisa substituir com sucesso o padrão existente prevalente no subconsciente.

Mesmo que o novo padrão de US$ 250.000 tenha entrado na mente subconsciente, você continuará ganhando US$ 40.000 por ano até que tenha substituído inteiramente o padrão existente igual a essa quantia. Em todos os casos, em dado momento vai ocorrer um cabo de guerra entre os dois padrões, e ambos prevalecem simultaneamente durante esse período transitório. Isso produzirá resultados que são uma combinação dos dois. O resultado exato, em qualquer momento, dependerá da extensão da vantagem ou preponderância que um determinado padrão apresenta. Se, no exemplo dado, você estiver em uma situação em que ambos os padrões sejam equivalentes, receberá a soma da média (40.000 ÷ 2 + 250.000 ÷ 2 = 145.000).

Fique tranquilo: haverá uma intensa batalha entre os dois padrões antes de um emergir como o vencedor inegável. Como alternativa, pode não haver um vencedor claro, e você acabará em algum lugar no espectro entre as duas facções em guerra. Isso também se traduzirá, naturalmente, em resultados ao longo do espectro.

A razão para a teimosia dos padrões originais é que estes estão em vigor há anos, se não décadas, e você os criou subconscientemente sem nem saber o que estava acontecendo. Pelo contrário, estamos agora conscientemente tentando substituí-los e, por isso, precisamos aprender novos métodos para alcançar o objetivo. Esses métodos, embora simples e diretos, não produzem resultados da noite para o dia devido à força histórica dos antigos padrões. São testados pelo tempo, porém, e certamente produzirão os resultados da manifestação se forem seguidos de maneira disciplinada e contínua.

Conceito fundamental 4: A ligação entre alma e desejo

Quando sentir um desejo urgente, você deve prestar atenção, porque esse desejo é um chamado que emana da sua alma. Uma regra simples da natureza é que, se um desejo é genuíno, então não só veio da alma, mas os meios para realizar esse desejo também estão nela. É provável que você não conheça os meios nem tenha as habilidades iniciais, sendo necessário tomar medidas específicas. No entanto, a menos que a capacidade inerente para a realização esteja lá, o desejo não surgiria. **Trata-se de uma ideia simples, mas radicalmente diferente da norma a que a maioria de nós está habituada.** Jack Canfield expressou a mesma opinião usando palavras um pouco diferentes: *ninguém cultiva um sonho a não ser que tenha a capacidade de realizá-lo.*

O cerne da questão

Os conceitos fundamentais deste capítulo, quando estudados em conjunto, elevam substancialmente a sua compreensão de infundir novos padrões. O poder dessa informação é ampliado quando ela é estudada junto ao conteúdo do capítulo seguinte.

16.

AS DEZ FASES PARA ESTABELECER O PADRÃO PERFEITO™

16. AS DEZ FASES PARA ESTABELECER O PADRÃO PERFEITO™

Fiz o que eu sabia fazer. Agora que sei mais, posso fazer mais também.

Maya Angelou

Há alguns anos, durante a minha jornada de aprendizagem, dediquei um fim de semana exclusivamente a escrever **As Dez Fases para Estabelecer o Padrão Perfeito™**. Naquele momento, minha intenção era consolidar a minha própria compreensão sobre o assunto. As Dez Fases para Estabelecer o Padrão Perfeito™ a seguir são uma versão refinada dos resultados desse fim de semana, e sei que também consolidarão a sua compreensão.

1. Qualquer desejo urgente que sentimos é inicialmente captado na mente consciente e emanou da alma.

2. A mente consciente pode rapidamente aceitar ou rejeitar o desejo; se rejeitar, então,

isso termina o processo de manifestação desse desejo.

3. Se a mente consciente aceita o desejo, então, é necessário um trabalho direcionado para infundir o desejo na mente subconsciente. Ao contrário da mente consciente, a mente subconsciente precisa ser trabalhada por meio da repetição antes que o novo desejo seja alimentado. Como consequência, o desejo precisa ser repetido continuamente antes de passar da mente consciente para a mente subconsciente.

4. Uma vez que o desejo entra na mente subconsciente, um passo significativo foi alcançado. Esse desejo, então, estabelece um novo padrão na mente subconsciente. Pense neste padrão, porém, como um padrão inicial nessa fase.

5. Esse padrão inicial não é forte o suficiente para refletir uma manifestação. Isso acontece porque há um padrão existente correspondente à versão antiga desse desejo já no subconsciente.

6. Teremos agora um cabo de guerra entre o novo padrão e o antigo, historicamente estabelecido.

7. É nesse momento que é necessário um foco maior e um trabalho específico para dar toda a munição necessária para o novo padrão prevalecer e substituir o padrão historicamente estabelecido.

8. Se o novo padrão for incapaz de vencer a batalha, o padrão historicamente estabelecido permanece — você está na mesma vibração, e seu corpo tomará as mesmas ações antigas para que você veja a mesma manifestação de sempre.

9. Se ambos os padrões tiverem o mesmo desempenho no cabo de guerra, seu corpo tomará ações antigas e novas. Isso fará com que você veja resultados que estão em algum lugar entre os padrões antigos e novos. Outra maneira de descrever isso é que há uma manifestação parcial.

10. Quando o novo padrão vence o cabo de guerra, ele substitui integralmente o padrão historicamente estabelecido. O corpo então toma a nova ação correspondente, e você experimenta a nova manifestação.

As informações presentes neste capítulo e no anterior são inestimáveis. No entanto, há um último ingrediente necessário para completar o quadro: visualizar-se como já tendo se tornado a pessoa que você deseja ser. Em outras palavras, as frequências de sua visão primária e o efeito colateral de abundância financeira devem refletir sua visão primária e o efeito colateral de abundância financeira como já manifestados.

Vamos ajudar você a desenvolver ainda mais essa ideia.

Como vimos, você manifesta fisicamente o equivalente à frequência vibracional do padrão predominante no subconsciente, que não consegue distinguir entre o que é verdadeiro e o que ele acredita erroneamente que é verdadeiro. Vejamos um exemplo.

Como a maioria das pessoas, em algum momento você já viu um ator excepcional atuando localmente em uma produção de pequeno porte e ganhando apenas o suficiente para sobreviver, enquanto, por outro lado, um ator mediano que alcançou o status de estrela do cinema. A razão para esse aparente paradoxo é a frequência vibracional dos respectivos padrões dos atores, porque o resultado da manifestação nada mais é do que um reflexo do que está acontecendo no interior. Neste exemplo, o ator mediano tem um padrão em que se vê como excepcional, enquanto o padrão do excelente ator considera que seu desempenho está na média.

Ao avaliar isso por uma perspectiva um pouco diferente, você perceberá que, como a mente

subconsciente presume que algo é verdadeiro — a partir de um padrão —, independentemente de isso existir fisicamente ou não, o método mais potente para infundir o padrão perfeito — ou estar na frequência certa — em que a mente subconsciente trate seu desejo como já manifestado. Por outro lado, se você infundir o padrão de que "deseja" algo, então a manifestação não seria você continuando a perseguir o que deseja... E com seu sonho permanecendo apenas um desejo?

Este é um princípio elementar, mas compreendido por poucas pessoas. Também uma mudança radical de abordagem para quem começa a estudar o assunto. Até que você conheça este material, o método "normal" de abordar um desejo de uma perspectiva de sentimento é se aproximar da realização. Pelo contrário, peço agora que, de uma perspectiva de sentimento, você presuma que o desejo já se manifestou para você.

Existem vários métodos que você pode usar para garantir que seu padrão presuma que você já tem o que deseja, e em breve você vai conhecer muitos deles.

O cerne da questão

Considere a si mesmo como se já tivesse se tornado a pessoa que deseja ser.

17.

AÇÃO GUIADA CONTÍNUA: O TERCEIRO PRÉ-REQUISITO

17. AÇÃO GUIADA CONTÍNUA: O TERCEIRO PRÉ-REQUISITO

Tudo o que você quer está esperando por sua reivindicação. Tudo o que você quer, também quer você. Mas você precisa tomar medidas para alcançar o que deseja.

Jack Canfield

Uma característica consistente da vida da maioria das pessoas é que elas tomarão medidas para satisfazer qualquer desejo que tenham. Digo "a maioria", e não "todas as pessoas", porque um pequeno número de pessoas no mundo está em um nível tão elevado de consciência, vivendo e operando a partir de seus eus ultraevoluídos, que podem manifestar instantaneamente. Podemos chamar esse nível de consciência cristã, iluminação, libertação ou qualquer outra coisa, mas o nome é secundário. O que importa é que todos nós devemos agir para manifestar. A ironia é que esses seres altamente evoluídos têm necessidades mundanas modestas, tornando altamente improvável que a manifestação seja de muito interesse para eles.

A ação guiada contínua é definida como a ação que você toma especificamente para manifestar sua riqueza infinita. Pense nisso como a ação necessária para dar forma física a seu desejo.

É importante lembrar que a ação guiada contínua não é a mesma ação que você tem historicamente tomado todos os dias — sendo uma iniciativa diária necessária para passar fisicamente o dia. Essa iniciativa tem seu próprio lugar e é uma contribuição relevante para viver a vida. No entanto, se você pensar em seus dias na bolha CR ou se puder pensar em outras pessoas que estiveram lá, você vai lembrar que a maioria das ações que ocorrem nesse ponto não está na categoria de ação guiada contínua.

Por outro lado, pense em pessoas que você conhece que manifestaram sua riqueza infinita e perceberá que uma proporção significativa da ação que elas tomam está na categoria de ação guiada contínua.

Em retrospecto, quando penso em todos os mentores que tive nos últimos vinte e cinco anos em diferentes fases da minha jornada (cada um deles de bastante sucesso), o fio condutor que une a todos tem sido a sua capacidade de excluir o ruído e concentrar-se mais em "fazer o que realmente importa". Fazer o que realmente importa é outra forma de descrever a ação guiada contínua.

Agora que você tem uma boa ideia do conceito central em jogo aqui, vamos nos aprofundar mais em como isso pode impulsionar a manifestação de sua riqueza infinita. É importante aqui entender a ligação entre a frequência desejada e a ação guiada contínua.

Ao começar a usar os métodos de manifestação que você estudará na Parte III, e a estar em harmonia com o espírito universal, à medida que o novo padrão começa a tomar forma na mente subconsciente, você estará parcialmente na frequência necessária. Nesse ponto, além de utilizar os métodos de manifestação, é necessária uma ação específica para reforçar ainda mais o novo padrão, que se encontra em uma fase de formação.

Ao passar pelo processo, em virtude de estar parcialmente na frequência necessária, você receberá inspiração, impulsos ou orientação para tomar medidas específicas. NÃO ignore essas mensagens; em vez disso, priorize os sinais e aja de acordo o mais rápido possível. O espírito universal ama a velocidade e se comunica com você por meio dessa orientação. Ao ouvir a orientação e agir em conformidade, você está tomando medidas guiadas contínuas e fazendo exatamente o que precisa neste momento da jornada.

Por vezes, essa orientação parecerá lógica e conforme o esperado, enquanto em outras será inesperada e possivelmente um tanto ilógica. Não deixe que isso impeça sua ação. Uma orientação pode parecer ilógica porque você a julga com base em seu intelecto, que é definido por eventos passados e é, por sua natureza inerente, limitado em termos de perspectiva. Pelo contrário, você está recebendo orientação do espírito universal, que é abrangente. Ele tem um plano para você, que você não deveria questionar ou duvidar, mas apenas ter fé e seguir em frente.

O melhor exemplo que me vem à mente aqui é o papel de Jack Canfield na divulgação da mensagem do livro que você está lendo neste exato momento.

Lembre-se que eu disse na introdução que alguns livros são companheiros constantes que precisamos revisitar regularmente. Um desses livros, para mim, é *Canja de galinha para a alma*®. Por ser uma coleção de histórias breves, eu leio principalmente uma ou duas histórias de cada vez.

Lembro vivamente que, em uma noite de fevereiro úmida, escura e fria em Londres, eu peguei meu exemplar de *Canja de galinha para a alma*® por impulso. Eu tinha decidido ler outro livro alguns minutos antes, mas a atração por *Canja de galinha para a alma*® naquele momento foi extraordinariamente forte e eu ouvi a voz interior. Em alguns instantes, meu olhar foi atraído para a seção *Live Your Dream* (Viva seu sonho, tradução livre), e ali para a história intitulada *Follow Your Dream* (Siga seu sonho, tradução livre), de Jack Canfield.

Era um texto de duas páginas que levei alguns minutos para ler, mas nunca esquecerei o momento em que cheguei ao final da história. Eu tinha lágrimas nos olhos e um nó na garganta devido a uma inspiração digna de sonho que me dominou. A emoção cresceu não só por essa inspiração, mas também pela convicção de que eu estava no caminho certo. Meu intelecto nunca poderia justificar essa convicção, pois ela veio do espírito universal, e não do raciocínio!

A inspiração, por sua vez, foi o encanto de Jack pela mensagem deste livro e desempenhou um papel importante, ajudando a espalhar sua mensagem para inúmeras pessoas em todo o mundo. Eu não fazia ideia de como eu poderia encontrar Jack um dia e como ele poderia desempenhar um papel em minha própria jornada. Praticando diligentemente o que defendi neste capítulo e me inspirando em uma citação de Jack presente na página 106 (*Ninguém cultiva um sonho a não ser que tenha a capacidade de realizá-lo*), continuei nesse caminho e deixei o sonho se manifestar como deveria.

Agir dessa forma é ajudar o novo padrão a se fortalecer e a progredir mais nessa frequência. Esta é também a fase em que o novo padrão começa a ganhar vantagem no cabo de guerra. É preciso continuar a tomar ações guiadas contínuas e esperar por mais orientações. Ao receber mais orientações, que quase sempre chegam a você como um impulso ou palpite para dar o próximo passo, sigam essa mensagem. Esse ciclo de utilização de métodos de manifestação para consolidar o padrão, recebimento de orientação, tomada de ação contínua com base nessa orientação, reforço ainda maior do padrão até a manifestação é, na verdade, o último conceito que você precisa conhecer antes de avançar para a Parte III.

O cerne da questão

A ação contínua orientada deve ser empreendida dia após dia, enquanto você trabalha para manifestar sua riqueza infinita.

PARTE III

COLOQUE SUA RIQUEZA INFINITA EM MOVIMENTO

18.

ENTRE NA FREQUÊNCIA CERTA: VISÃO GERAL INICIAL

18. ENTRE NA FREQUÊNCIA CERTA: VISÃO GERAL INICIAL

Imagine o sentimento do desejo realizado...

Neville Goddard

Dos três pré-requisitos, o que mais demanda trabalho e foco é infundir o padrão perfeito. Diferente de estar em harmonia espiritual, que se traduz diretamente em sua missão primária, e da ação guiada contínua — que se torna parte de sua vida —, um novo padrão precisa de repetição incansável e esforço disciplinado para substituir o que já existe.

Como vimos, o padrão existente está presente há muitos anos, se não décadas, e é isso que o torna persistente. Além disso, como não existe um método conhecido para identificar um padrão predominante na mente subconsciente, além de trabalhar de forma retroativa com base nos resultados de sua manifestação, a importância de seu foco, dedicação e disciplina é ainda maior.

O que se segue é o que você leu anteriormente na página 111-12, no Capítulo 16 da Parte II; leia mais uma vez.

[...] porque a mente subconsciente — a partir de um padrão — presume que algo é verdadeiro, independentemente de existir fisicamente ou não. Por isso, o método mais efetivo para infundir o padrão perfeito — ou estar na frequência certa — é que a mente subconsciente trate o seu desejo como algo já manifestado. Por outro lado, se você infundir o padrão de que você "deseja" algo, não haveria o risco de que a manifestação fosse de que você continua a perseguir o que deseja, e isso permanecesse apenas como um desejo?

Este é um princípio elementar, mas compreendido por poucas pessoas. Também é uma mudança radical de abordagem para quem começa a estudar o assunto. Isso ocorre porque, até você ter acesso a este material, o método "comum" de abordar um desejo de uma perspectiva de sentimento é se aproximar da materialização. Pelo contrário, peço agora que, de uma perspectiva de sentimento, você presuma que seu desejo já se manifestou para você.

Existem vários métodos que podem ser utilizados para garantir que o seu padrão presuma que você já tem o que deseja, e em breve muitos deles serão apresentados.

Considerando que os seres humanos são todos inerentemente iguais, mas diferentes em suas abordagens da vida, os métodos que funcionam melhor para você são determinados pelo que é mais natural para você. O que funciona para uma pessoa pode não funcionar tão bem para outra. É preciso determinar o que é certo para você, tentando diferentes métodos para decidir qual é a sua melhor combinação. Sim, combinação, porque muitas vezes você vai vivenciar uma manifestação mais forte quando abordada de vários lados, em vez de apenas um.

Vou apresentar agora uma maravilhosa lei da natureza, chamada lei de causa e efeito, que diz que uma causa específica conduz a um efeito específico correspondente. O aspecto mais espetacular dessa lei é a sua conclusão, sobre a qual raramente se fala. A conclusão é que, se um certo efeito se manifestou, uma causa correspondente levou a essa manifestação.

Vamos aprofundar esse assunto com um exemplo básico do dia a dia. Sabemos que, quando bebemos água, temos um sentimento específico de satisfação que só vem da água potável. Se invertermos isso, não seria natural dizer que, quando temos esse sentimento, significa que bebemos água?

A inversão da analogia foi sugerida pela primeira vez por um grande místico do século XX. Wayne Dyer frequentemente o cita como um de seus professores mais influentes. O seu nome é Neville Goddard, que assinava suas obras como "Neville". Neville afirmou o seguinte:

> *O sonho futuro deve se tornar um fato presente na mente de quem deseja sua realização. Você deve vivenciar na imaginação o que vivenciaria na realidade quando atingisse seu objetivo [....], afirmando que você já é o que deseja ser ao presumir o sentimento do desejo realizado. O sentimento é o fermento sem o qual nenhuma criação é possível.*

Essas palavras extraordinárias de Neville se relacionam ao que você está estudando — o que o subconsciente percebe como verdadeiro ele reflete em seu mundo exterior como uma manifestação física. Agora que sabe o que tem que ser feito, o próximo passo é aprender como fazer, e o último passo é praticar. O resto da **Parte III: Coloque em movimento a sua riqueza infinita**, ajuda você a aprender os diferentes métodos para infundir o padrão perfeito; inclui numerosos exemplos da vida real também.

O cerne da questão

A conclusão da lei de causa e efeito é uma poderosa imagem de referência para apreciar a lógica de seguir em frente *na* frequência certa.

19.

ENTRE NA FREQUÊNCIA CERTA: IMAGINAÇÃO (VISUALIZAÇÃO)

19. ENTRE NA FREQUÊNCIA CERTA: IMAGINAÇÃO (VISUALIZAÇÃO)

A imaginação é mais importante do que o conhecimento. O conhecimento é limitado, enquanto a imaginação abrange o mundo inteiro.

Albert Einstein

Quando um intelectual imponente como Einstein fala de imaginação* como superior ao conhecimento, não só devemos reforçar nossos esforços para continuar a desenvolver essa habilidade, mas também devemos ficar felizes por estarmos caminhando na direção certa.

A origem da palavra imaginação vem do latim *imaginari*, que significa traçar uma imagem para si mesmo. Em outras palavras, pense nisso como criar imagens mentais.

Agora você aprenderá mais sobre Neville, que ensinou o método da imaginação de uma maneira original e notável.

---

* Pense na imaginação e na visualização como sinônimos.

Nascido em 1905, de ascendência inglesa, em Barbados, Neville viajou para os EUA aos 18 anos para apostar em sua carreira como bailarino nos teatros. As coisas não correram como ele esperava e a vida tornou-se financeiramente difícil para o jovem Neville. No entanto, Neville encontrou um livro sobre metafísica por acaso e, em 1931, viu-se assistindo a uma palestra em Nova Iorque de um misterioso vidente etíope chamado Abdullah. No final da palestra, Abdullah disse: "Neville, você está seis meses atrasado".

Espantado, Neville disse: "Estou seis meses atrasado, mas nem conheço você. Como sabe quem sou?" Abdullah respondeu: "Os irmãos me contaram". Durante os seis anos seguintes, Neville estudou com Abdullah os significados esotéricos e mais profundos da Bíblia, da Cabala e da manifestação consciente para criar a sua realidade. Dizem que o verdadeiro aprendizado e domínio ocorrem quando você vivencia algo em vez de se limitar a estudar o assunto, e não foi diferente para Neville.

Cerca de dois anos depois do início de seu treinamento com Abdullah, em outubro de 1933, Neville sentiu o desejo de ir para Barbados a fim de passar o Natal com sua família, mas não tinha dinheiro para comprar a passagem para a viagem de navio. Neville contou isso a Abdullah, que afirmou: "Você está em Barbados". Neville respondeu: "O que quer dizer com eu estar em Barbados?" Abdullah disse: "Durma à noite e caminhe durante o dia em Barbados". O que Abdullah quis dizer, e o que Neville fez, foi imaginar e consequentemente visualizar o mundo à noite de sua cama em Nova Iorque como se estivesse dormindo em sua cama em Barbados. Neville também via Barbados ao andar pelas ruas de Nova Iorque, como se estivesse andando pelas ruas de Barbados durante o dia.

Isso continuou por cerca de um mês até o final de novembro, quando Neville começou a ficar impaciente e disse a Abdullah: "Eu quero de verdade ir para Barbados, mas apesar de seguir suas instruções, não há nem sinal do dinheiro chegando nem da minha viagem para lá no Natal". Isso irritou Abdullah, que por sua vez respondeu: "Eu não disse que você está em Barbados? Você foi para Barbados de navio, com uma passagem de primeira classe e, em breve, fará sua viagem de volta a Nova Iorque". Depois de dizer isso para ele, Abdullah bateu à porta ao sair da sala, deixando claro para Neville que não desejava ser seguido ou discutir mais o assunto.

Cerca de quinze dias depois, em 4 de dezembro de 1933, Neville voltou para seu pequeno quarto alugado à noite e encontrou um envelope que havia sido empurrado sob a porta, com uma nota de seu irmão dizendo que a família queria que ele viesse para o Natal e que deveria retirar sua passagem na companhia marítima. O envelope também continha 50 dólares para Neville comprar roupas e outros artigos para a viagem. Neville ficou em êxtase e, na manhã seguinte, foi rapidamente buscar o bilhete, sendo informado de que uma parte da viagem não ocorreria na primeira classe devido a questões de disponibilidade. Sem desanimar, Neville chegou à casa de Abdullah e disse que o mestre estava certo: ele embarcaria no dia seguinte, 6 de dezembro de 1933, mas viajaria apenas parcialmente na primeira classe. Nesse ponto, Abdullah repetiu o que havia dito antes: "Você não vai embarcar porque já está em Barbados... E viajou na primeira classe. Não há mais nada para discutir sobre o assunto, e estou ansioso para vê-lo voltar a Nova Iorque! No dia seguinte, quando Neville chegou ao navio para viajar, ele ficou agradavelmente surpreso ao ouvir da tripulação que houve um cancelamento de última hora e que ele viajaria na primeira classe.

Devemos pensar nisso como a primeira visualização de Neville, na qual ele serviu de exemplo vivo da aplicação do conhecimento que estava estudando com Abdullah. Este episódio mudou alguma coisa dentro de Neville, e ele soube que a solução para seus desejos estava dentro dele e não no mundo exterior.

Neville escreveu mais de dez livros e deu inúmeras palestras. Existem vários exemplos em suas obras de como usar o poder imaginativo para manifestar o resultado desejado. Esses exemplos incluem tanto as experiências pessoais de Neville como as de seus alunos.

Agora que vimos a história de Neville, é recomendável dar um passo atrás e compreender de verdade como a imaginação permite a manifestação dos desejos. Em nosso mundo físico, como sabemos agora, a manifestação é uma função em tempo real da frequência do padrão na mente subconsciente.

A parte maravilhosa disso é que você tem esse poder latente e a capacidade de infundir o padrão relevante assim, como Neville. No caso de Neville, essa habilidade foi desenvolvida por meio de treinamento e estudo disciplinados ao longo do tempo e, no seu caso, também é possível se você se dedicar ao estudo e treinamento disciplinados.

É aqui que tudo fica mais interessante, porque nós, como seres humanos, pensamos tipicamente em imagens. Muitos estudos foram realizados nesse contexto ao longo das décadas, mas um estudo relativamente recente em Harvard descobriu que, mesmo quando as pessoas foram levadas a usar o pensamento verbal, elas criaram imagens visuais para acompanhar sua expressão interior, sugerindo que o pensamento visual está profundamente arraigado, enquanto a fala é um desenvolvimento evolutivo relativamente recente. As imagens também são um meio poderoso para levar elementos da mente consciente para a mente subconsciente.

Graças a seu estudo e treinamento, pessoas como Abdullah e Neville são capazes de, em um tempo relativamente curto, pelo poder da imaginação, entrar na frequência certa e, consequentemente, manifestar com muita rapidez em comparação com outros. Pessoas como eles dominaram duas habilidades essenciais. **Primeiro, enquanto imaginam, pensam a partir da perspectiva de seu desejo realizado, residindo neles**. Eles não pensam no desejo realizado como uma parte separada deles. Este é um conceito inspirador, originalmente sugerido por Neville.

Essa diferença fica evidente no exemplo Barbados/Nova Iorque. Neville, enquanto ia para a cama, via na imaginação a vista da sua cama em Barbados, e durante o dia, enquanto caminhava em Nova Iorque, via as ruas de Nova Iorque como se fossem as de Barbados. **Neville não imaginou ou visualizou a experiência; em vez disso, viveu a experiência.**

A segunda habilidade é a sua fé inequívoca na realização do seu desejo. Eles tinham fé absoluta e NENHUMA dúvida quanto à realização de seu desejo. Eles treinaram e estudaram para não deixar que seus sentidos físicos lançassem dúvidas em torno do sentimento de realização de seu desejo apenas porque ainda não foi manifestado.

É importante lembrar que você também pode desenvolver essas habilidades ao longo do tempo com disciplina e a orientação certa. Quero que você entenda completamente a diferença entre imaginar pensando no desejo realizado e pensar a partir da perspectiva do desejo realizado.

A melhor analogia que posso compartilhar é da escada, de Neville. Nesse exemplo, Neville diz que se o seu desejo é subir a escada e você se vê subindo a escada, você está pensando **sobre** o desejo realizado. Por outro lado, quando você sente seus pés nos dois últimos degraus superiores da escada — suas mãos segurando o corrimão — e vê a vista do topo da escada, você então está pensando **a partir da perspectiva** do desejo realizado.

Na prática, o mais eficaz é criar uma cena de cerca de 5 a 15 segundos, que capte a sensação do desejo realizado. O pré-requisito é que essa cena só seja possível quando o seu desejo se manifestar. Além disso, a cena deve acontecer no seu ponto de vista, em vez de você pensando na cena e se vendo nas imagens. Os exemplos de Nova Iorque/ Barbados e da escada reforçam essa abordagem.

Tendo entendido essas regras, para começar, pense agora no carro que você sonha em dirigir. O método ideal da imaginação de Neville seria mais ou menos assim: (i) veja o carro em sua forma completa, na cor que quiser, estacionado onde quiser. Sinta a sua mão abrindo a porta e sinta-se sentado no banco do motorista. (ii) Veja seu pulso, antebraços e a vista do banco do motorista enquanto dirige esse carro e pela rua. (iii) Sinta as mãos no volante. (iv) Sinta o cheiro do couro novo no carro. **(v) Mais importante ainda, sinta a emoção de dirigir esse carro como um evento natural e cotidiano em sua vida, nada fora do comum!**

As subetapas do exemplo do carro servem para que você possa absorver os ingredientes para uma sessão de imaginação bem-sucedida usando os ensinamentos de Neville.

Confira a seguir um exemplo de algo que aconteceu na minha vida. Depois, finalize o capítulo com um exercício.

A busca pelo meu editor

Quando concluí o primeiro rascunho deste livro, minha próxima tarefa era encontrar uma editora híbrida respeitável e com presença global (com exceção do subcontinente indiano) com quem eu me sentisse confortável para trabalhar. Eu me concentrei especificamente em encontrar uma editora híbrida, não uma tradicional ou tentar a autopublicação.

Durante cerca de um mês, várias vezes ao dia, com dedicação, disciplina e sentimento, em minha imaginação gerei a sensação de ter encontrado essa editora. Não tomei nenhuma ação nessa fase: apenas continuei fazendo o exercício da imaginação. A cada dia que passava, o sentimento continuava a ficar cada vez mais forte e, um dia, cheguei a um estágio em que comecei a sentir que isso tinha acontecido de verdade e não era nada fora do comum. Foi só então que comecei a pesquisar on-line, e em cinco minutos, a Rowanvale Books (https://www.rowanvalebooks.com) se destacou como a escolha óbvia.

Você pode estar se perguntando como foi meu exercício de imaginação. O exercício consistia em dizer a mim mesmo, por dez segundos: "Que ótimo! Encontrei a melhor editora híbrida! Missão cumprida." Fiz esse exercício duas ou três vezes por dia, quatro ou cinco repetições de cerca de dez segundos cada.

Eu faço esses exercícios de imaginação há alguns anos, e embora todos os elementos dos princípios de Neville estejam presentes, pode parecer que eu não tenha incorporado todos os princípios. Pelo contrário, eu incorporei, mas em vez de ver uma cena como no exemplo da escada, eu me concentrei diretamente em gerar o sentimento. Ao começar, como eu no início, você normalmente precisa de uma cena específica para gerar esse sentimento. No entanto, à medida que você evolui e aumenta suas habilidades, muitas vezes pode (embora não necessariamente sempre) ir direto para o estágio de geração de sentimentos, em vez de criar uma cena. Sugiro que você não se apresse para chegar a esse ponto. Deixe as coisas acontecerem naturalmente à medida que continua a desenvolver a trajetória escolhida.

Vamos divagar um pouco e completar a história com o que estava acontecendo com Cat Charlton (diretora administrativa da Rowanvale Books) antes de eu entrar em contato com ela. Assim como existe uma correspondência de frequência entre o seu padrão e a sua manifestação física, também há uma correspondência de frequência quando as pessoas se encontram devido a uma causa comum.

Eu estava em Londres enquanto procurava por essa editora híbrida. A 250 km de distância, perto de Newport, no País de Gales, havia uma editora híbrida à procura de um certo "alguém". Esse "alguém" era idealmente uma pessoa com valores intrínsecos que combinassem com os de Cat, e que pudesse usar sua experiência para orientar Cat no processo de levar a Rowanvale ao próximo nível. Parte do desejo de Cat era impulsionado por ela querer causar um impacto maior no mundo e, em parte, pelo fato de seu filho mais novo estar prestes a começar a educação infantil, liberando mais tempo para ela.

Eu nunca soube de nada disso até muito mais tarde, quando trocamos notas sobre como ambos desempenhamos um papel tão importante na vida um do outro, como nos conhecemos no momento certo e como não há coincidências — aquilo que você procura também está procurando por você. O que contribui para a perfeição aqui é que meu primeiro e-mail para Cat chegou no terceiro aniversário de seu filho mais novo!

Exercício 1

Tendo em mente como é uma cena de imaginação sólida, conceitue essa cena com base em sua visão primária e reproduza a imagem na tela de sua mente entre cinco e dez vezes. Relaxe e sente-se confortavelmente em um local calmo. É comum que as pessoas optem por uma postura meditativa, mas isso não é obrigatório. Quando terminar, observe como se sentiu ao fazer este exercício.

____

____

____

O cerne da questão

Bob Proctor disse: *"A imaginação é a maior nação do mundo"*. Eu não poderia concordar mais. Torne-se um cidadão dessa nação e colha os abundantes benefícios que ela tem para oferecer.

20.

ENTRE NA FREQUÊNCIA CERTA: QUADRO DE VISÃO

20. ENTRE NA FREQUÊNCIA CERTA: QUADRO DE VISÃO

A única pessoa que você está destinado a se tornar é aquela que você decide ser.

Emerson

Um quadro de visão é uma coleção física ou digital de imagens que ajudam a gerar a sensação de sua manifestação como concluída. Retomando o exemplo do carro do último capítulo, o quadro de visão ideal seria aquele que envolvesse imagens do seu carro na cor desejada, estacionado em seu local de preferência, com você no banco do motorista, ou parado ao lado do veículo, e assim por diante.

Para maximizar o benefício dos quadros de visão, a melhor abordagem é encontrar e/ou criar entre três e dez imagens que gerem a sensação de já ter manifestado o seu desejo. É possível praticar com apenas uma ou duas imagens, se for mais confortável assim, mas no outro extremo do espectro, qualquer um número acima de dez tende a enfraquecer o impacto.

Depois de definir as imagens, posicione-as física ou digitalmente em uma única página. O principal requisito é que todas elas fiquem próximas umas das outras, de modo que, em conjunto, ampliem o impacto final. Também é recomendável escrever sua visão primária em algum ponto no meio do quadro de visão.

Todo olhar dirigido a seu quadro de visão deve servir a um objetivo: aumentar dentro de você o sentimento de ter manifestado seu desejo. Quando novos alunos iniciam esses exercícios, é comum que logo se sintam confortáveis com seu quadro de visão, porque as imagens já existem fisicamente.

Agora veremos dois exemplos reais dos resultados dos quadros de visão, seguidos de um exercício relacionado.

Minha casa

O exemplo mais pessoal de uso bem-sucedida de um quadro de visão é o da minha casa atual. Minha mulher e eu estávamos ansiosos para comprar nossa próxima casa em uma determinada rua, que não tinha um imóvel no mercado. Não querendo competir com alguém ou reivindicar o que pertencia a outra pessoa, baixei a foto principal da última propriedade vendida no condomínio e olhei para ela todos os dias, agradecendo antecipadamente por um imóvel semelhante no local. Também entrei em contato com a corretora imobiliária que vendeu o último imóvel, solicitando que, se uma casa naquela localização chegasse ao mercado, ela me avisasse antes da divulgação ao público, o que pouparia gastos de ambos os lados.

Embora nada tenha acontecido nos dois primeiros meses, em agosto de 2019, no meio das férias de verão, a corretora imobiliária entrou em contato dizendo que os proprietários da casa ao lado da última vendida estavam dispostos a vender e estavam com pressa. Acontece que a filha deles, por meio de uma cadeia de eventos um tanto incomum, comprou sua casa ideal e, no processo, mudou-se para cerca de 50 km de distância de seus pais. Isso foi difícil para os pais, a filha e o neto. Os pais também disseram ter concluído ao longo dos anos que, à medida que envelheciam, queriam morar mais perto do interior, deixando a área de Londres para trás, mas nunca colocaram os planos em prática. A mudança da filha agora era a oportunidade perfeita para dar esse passo.

O que foi ainda mais intrigante foi que, quase de uma hora para outra, o casal encontrou uma casa disponível na rua ao lado da filha e, como precisavam vender a casa atual para comprar a outra, o corretor concedeu uma quinzena para confirmar o interesse na compra, caso contrário, a propriedade voltaria ao mercado. Além disso, quando o casal relatou a situação à corretora imobiliária, seu pedido consistia em encontrar rapidamente um comprador pronto e decidido a quem estavam dispostos a dar um desconto no preço pedido se isso evitasse a inserção oficial da propriedade no mercado!

Como esperado, tudo se encaixou como uma luva: compramos a casa com um pequeno desconto, os custos adicionais de colocação oficial no mercado foram evitados, os vendedores conseguiram o imóvel pretendido e a corretora imobiliária recebeu uma boa garrafa de vinho especial — um legítimo caso onde todo mundo saiu ganhando!

Agora, a parte mais fascinante da história. Quando a transação foi concluída, entorpecido e grato, voltei a visitar meu quadro de visão. Foi então que percebi que, devido ao ângulo da foto, o foco maior estava na casa ao lado da primeira vendida! Assim, todos os dias por dois meses eu olhei para a casa vizinha muito mais do que a que pensava estar olhando, e ela acabou se tornando o meu lar.

A casa de John Assaraf

Por falar em casas, outro exemplo de quadro de visão é o de John Assaraf. John é um profissional reconhecido de desenvolvimento pessoal, e foi por meio do seu trabalho que tive, há muitos anos, meu primeiro contato com quadros de visão. Absorvi instantaneamente a ideia, e nunca mais deixei de praticar!

No caso de John, ele criou seu quadro de visão e o colocou na parede de seu escritório. Depois disso, ele se viu já desfrutando do objeto de seu desejo. Alguns anos depois, quando ele se mudou para outra casa, seu filho notou uma pilha de caixas e perguntou o que havia dentro delas. John respondeu que as caixas continham seus quadros de visão. Ele então começou a abrir as caixas para mostrar o conteúdo a seu filho e quando viu um quadro em particular, começou a chorar. No quadro, havia fotos da casa dos seus sonhos — e era igual à casa em que ele morava agora!

Exercício 1

Para começar, identifique entre três e dez imagens que geram, dentro de você, a emoção de ter manifestado sua visão primária. Se parecer algo natural, acrescente o texto da sua missão e visão primárias. Em seguida, olhe para o quadro por dois a três minutos e anote como se sente ao olhar para ele.

____

____

____

O cerne da questão

Um quadro de visão é o equivalente físico de um exercício de imaginação na tela da sua mente. Ao contrário de imaginar ou visualizar, ele já está fisicamente presente, o que garante uma vantagem relativa a esse método.

21.

ENTRE NA FREQUÊNCIA CERTA: FILMES MENTAIS®

21. ENTRE NA FREQUÊNCIA CERTA: FILMES MENTAIS®

Pense nos Filmes Mentais® como um quadro de visão com música e texto adicionais que, em conjunto, amplificam a experiência da manifestação.

Pushkar Anand

O que você acharia se eu dissesse que existe um método para fazer um minifilme com base em seu quadro de visão e adicionar áudio e texto a ele? É provável que você amasse essa ideia. Trago ótimas notícias, porque é exatamente isso que os Filmes Mentais® fazem!

Usando som e palavras, além de imagens, os Filmes Mentais® combinam os melhores aspectos tanto da imaginação quanto do quadro de visão, resultando em um impacto imenso na manifestação. Em poucas palavras, um filme mental é um minivídeo personalizado de 2 a 3 minutos da sua vida ideal, de seus sonhos e desejos. Você pode optar por usar uma série de imagens com música de fundo ou uma série de clipes de áudio e vídeo; eles podem ainda ser complementados com texto ou afirmações apresentadas na tela. A melhor coisa dos Filmes Mentais® é que seu filme é inteiramente personalizado por você, para você. O filme acessa sua mente por múltiplas vias — imagens, sons e palavras. É uma versão tecnológica, avançada, de visualização, combinando o melhor da imaginação tradicional, quadros de visão, som e texto.

Os Filmes Mentais® começaram a tomar forma há mais de uma década, quando um jovem australiano fez um vídeo representativo da sua vida ideal. Inicialmente, ele fez o vídeo porque ficava constrangido quando os amigos chegavam e viam seu quadro de visão antigo com seus grandes sonhos e objetivos. Cada vez que mostrava aos outros esse vídeo, porém, as pessoas achavam divertido, legal e estimulante. Como a reação ao vídeo tendia a ser positiva e encorajadora, ele conversou com amigos, Natalie e Glen Ledwell, para iniciarem um negócio on-line com ele para capacitar pessoas em todo o mundo a fazer esses filmes para elas também.

Natalie e Glen trabalharam incansavelmente expandindo essa ideia ao longo dos anos para atingir mais de dez milhões de pessoas em abril de 2024. A ampliação da ideia em um tempo relativamente curto, com meios e experiência limitados, teve os seus desafios. No entanto, Natalie e Glen recorriam diligentemente (muitas vezes várias vezes ao dia) ao filme mental que geraram, representando o lançamento bem-sucedido de Filmes Mentais® para um público global!

Você já deve ter adivinhado por que os Filmes Mentais® são uma ferramenta tão incrível para usar. Usando imagens, som e texto, eles apelam a múltiplos sentidos. Em termos de exemplos, se eu listasse o número de pessoas que conheço que utilizam Filmes Mentais®, eu preencheria mais de uma página! Usei Filmes Mentais® ao longo dos anos e considerei a prática muito benéfica. Além disso, a assinatura é acessível e simples, a adesão é vitalícia e você pode fazer vários filmes como e quando quiser.

Exercício 1

Depois de concluir a leitura deste livro, cadastre-se no site Filmes Mentais® em https://www.mindmovies.com (ou na versão atualizada do software https://platinum.mindmovies.com/#/) e crie um filme inicial. O objetivo principal nessa fase é descobrir como você se sente ao ver o seu filme — sempre é possível improvisar e fazer mais filmes no futuro. Anote o seu sentimento dominante durante o vídeo.

____

____

____

O cerne da questão

O método Filmes Mentais® é uma ferramenta poderosa, que incorpora os melhores aspectos da imaginação, de quadros de visão, música e texto — aproveite ao máximo.

22.

ENTRE NA FREQUÊNCIA CERTA: AFIRMAÇÕES

22. ENTRE NA FREQUÊNCIA CERTA: AFIRMAÇÕES

É a repetição de afirmações que leva à crença, e uma vez que essa crença se torna uma convicção profunda, as coisas começam a acontecer.

Claude Bristol

Uma afirmação, como o nome sugere, é uma declaração que você faz para si mesmo como verdadeira. É um caminho poderoso para a mente subconsciente usando a força das palavras. Quando as palavras são repetidas usando regras específicas, elas são persuasivas no desenvolvimento de novos padrões. Existem quatro regras obrigatórias e duas sugeridas para aumentar o impacto das afirmações.

As regras obrigatórias são:

- Sua afirmação deve ser dita, e não apenas pensada para si mesmo.

- Sua afirmação deve estar no tempo presente e afirmar que o que você deseja já é seu. A melhor maneira de começar é com "Eu sou..."

- A sua afirmação deve ser breve e simples.

- Sua afirmação deve gerar a sensação de já ter manifestado o que você deseja.

As regras sugeridas são:

- Ao dizer sua afirmação, olhe para si mesmo no espelho. Tente obter um alinhamento visual entre os seus olhos e o seu reflexo no espelho.

- Além de "Eu sou", comece agradecendo por sua afirmação como já verdadeira. Por exemplo, diga "Estou muito grato porque..."

Como exemplo, vamos supor que o seu desejo seja ter um patrimônio líquido de 2 milhões de dólares.

Sua afirmação perfeita, ao olhar-se no espelho e gerar a sensação de que seu patrimônio líquido já é igual a 2 milhões, deve ser: **"estou muito grato por ter um patrimônio líquido de 2 milhões de dólares"**.

Como os outros métodos que aprendeu, as afirmações devem gerar dentro de si a sensação de já ter manifestado o que deseja. Essa é a principal razão pela qual as afirmações devem ser feitas no tempo presente.

Existem duas abordagens para utilizar afirmações produtivamente. A primeira é a abordagem tradicional, como no exemplo do patrimônio líquido de 2 milhões de dólares. A segunda é um pouco mais inovadora e é a que uso e recomendo com frequência. Com essa última abordagem, em vez de optar por uma afirmação direcionada, use uma afirmação um pouco mais geral, localizada em um ambiente de depois da manifestação de seu desejo. Por exemplo:

(i) *Sou muito grato porque todos os meus desejos se manifestam rapidamente de forma contínua.*

(ii) *Sou muito grato porque a minha visão primária se manifestou rapidamente.*

Há dois exemplos de períodos diferentes da minha vida, separados por cerca de dez anos, que eu gostaria de compartilhar com você. O primeiro remonta ao final de 2010 e ao início de 2011, enquanto o último é muito mais recente, a partir de abril de 2023.

No primeiro exemplo, trabalhei em um banco multinacional em Londres, em uma função centrada no mercado africano. A alta administração considerou que, para eu ser mais produtivo nessa função, eu deveria morar na África por um ano. Eu não gostei da ideia. Discuti a questão com meus superiores. Eles disseram que o cargo na África tinha uma remuneração muito mais alta que a de Londres e, se eu quisesse manter o cargo, teria que me mudar. Para piorar as coisas, não havia um cargo equivalente disponível em Londres naquele momento.

Eu queria muito permanecer em Londres, e pelos próximos três meses, todos os dias, eu continuava afirmando de 50 a 100 vezes por dia. "Estou morando em Londres de forma definitiva." Optei por ignorar os fatores externos em torno do meu pedido de visto africano, conversas com a equipe local e outras atividades semelhantes. Em vez disso, optei por explorar o sentimento do desejo realizado como se estivesse permanentemente morando em Londres. Matriculei o meu filho de dois anos na creche local, comecei a procurar um novo apartamento para alugar e, acima de tudo, continuei a minha vida quotidiana como se fosse permanecer na cidade para sempre.

Avancemos para o período de festas de dezembro de 2010. Recebi um telefonema do RH confirmando que, pela primeira vez em muito tempo, parecia que um visto de trabalho residencial tinha sido rejeitado e que não parecia haver um processo de recurso em andamento. Uma hora depois, recebi uma segunda chamada, desta vez do diretor do nosso departamento, dizendo que houve uma demissão inesperada, por "coincidência", na mesma época em que minha decisão de visto foi transmitida. Além disso, o gerente de contratação para o novo cargo era alguém que gostava do meu trabalho, sabia sobre minha relutância em ir para a África e queria me oferecer um cargo com sede em Londres para substituir a pessoa que estava saindo. Foi um ótimo presente de Natal...

O segundo exemplo é relativamente recente, de abril de 2023, a cerca de 8.000 km de Londres, na ensolarada Nova Deli. Estávamos nos preparando para o ritual anual de abril, com as crianças se encontrando com os avós, como sempre aconteceu na Páscoa (exceto nos dois anos da Covid). Comecei a notar um desejo crescente crescendo dentro de mim para encontrar alguém lá, que tivesse a mesma intenção de servir os outros e descobrir como essa pessoa poderia desempenhar um papel, especialmente na Índia, em minha visão para o **Centro de Riqueza Infinita®**.

Nesse caso, usei a afirmação mais simples possível, um agradecimento dizendo: "Obrigado por esta pessoa". Eu dizia isso cerca de 50 vezes por dia, mas não tomei nenhuma atitude nessa época nem durante a viagem; aproveitei minhas férias com a sensação do desejo realizado.

Cerca de quatro dias depois de chegarmos lá, com a temperatura chegando a 37 graus, as crianças começaram a insistir que queriam um banho de piscina. No dia seguinte, chegamos ao Hotel Eros, no bairro Nehru Place, que fica a 15 minutos de carro da casa de nossa família em Nova Deli. A minha mulher não estava junto e, como o único responsável, uma vez que as crianças estavam em segurança na piscina, tomei uma cerveja gelada e sentei em um canto, apenas pensando na vida e nessa pessoa.

Meu devaneio foi interrompido pelo salva-vidas, Sunil Kumar (https://in.linkedin.com/in/sunil-kumar-4656272a), que se aproximou e me cumprimentou. Eu retribuí a saudação e começamos a conversar, falando de amenidades e discutindo o tempo à medida que nos conhecíamos um pouco mais. Uma vez que a conversa chegou a nossas profissões, ele me disse algo interessante. Naquele momento, eu sabia que tinha encontrado a pessoa que estava procurando!

Sunil disse que, embora goste do que faz e faça o seu melhor por cada cliente que procura a piscina, ele raramente se aproxima de um hóspede e começa a conversar, como fez comigo. Ele não conseguia entender por que tinha feito isso, mas de alguma forma sabia que precisava fazer. Ele então me perguntou se poderíamos tentar descobrir por que ele sentiu esse desejo de falar comigo.

À medida que conversamos mais, Sunil contou que fica mais feliz quando serve as pessoas, gosta do seu trabalho, mas tem um desejo muito forte de servir as pessoas em uma escala muito maior do que apenas uma piscina.

Passamos a hora seguinte discutindo o **Centro de Riqueza Infinita**®, minha visão e como ele era a pessoa que eu queria encontrar durante esta viagem. Ele ficou encantado ao ouvir isso, e disse ser uma coincidência incrível. Respondi que coincidências não existem e expliquei, do jeito mais simples possível para um iniciante à beira da piscina com uma cerveja na mão, a correspondência de frequência entre nós.

Compartilho esses dois exemplos pessoais para ajudar você a consolidar sua compreensão do maravilhoso método de manifestação de afirmações. Tenha em mente, porém, que assim como nos outros métodos, a afirmação deve acionar dentro de você o sentimento de já ter manifestado o seu desejo.

Exercício 1

Usando as regras sugeridas e as lições dos exemplos compartilhados, elabore duas afirmações para a sua vida. Uma vez definidas, diga-as em voz alta entre 10 e 20 vezes. Você não precisa gritar, mas evite sussurrar. Se possível, encontre um espelho onde possa olhar para si mesmo quando falar. Depois de concluída a tarefa, escreva o sentimento que essas afirmações geraram dentro de você.

____

____

____

O cerne da questão

As afirmações são uma técnica poderosa que utiliza a força das palavras. Praticar suas afirmações seguindo as regras deste capítulo aumentará o impacto da técnica.

23.

ENTRE NA FREQUÊNCIA CERTA: OUTROS MÉTODOS

23. ENTRE NA FREQUÊNCIA CERTA: OUTROS MÉTODOS

Tudo o que a mente humana pode conceber e acreditar, ela pode conquistar.

Napoleon Hill

Reuni estes métodos na categoria "diversos" em um único capítulo não por serem menos poderosos ou significativos do que os que vimos até agora. No entanto, são relativamente mais rápidos e concisos de explicar, e esse formato pode ser mais vantajoso para você.

(I) Carta para mim mesmo

Adoro escrever uma carta para mim mesmo! É algo que descobri há cerca de cinco anos e que se tornou um hábito muito especial. Existem quatro aspectos principais dessa carta.

(i) Data: esta deve ser a data em que você acha que seu desejo terá se manifestado. (ii) Conteúdo: deve incluir frases que reforcem como você se sente agora que seu desejo se manifestou. (iii) Extensão: de preferência entre cinco e dez linhas. (iv) Tempo verbal: escreva a carta como se o seu desejo já tivesse se manifestado.

Cat Charlton gostou muito da ideia da afirmação inovadora e desenvolveu intimidade com a prática, fazendo bom uso dela. No entanto, ela foi um passo além quando apresentou o conceito da "Carta para mim mesmo". Ela teve uma ideia para combinar os melhores aspectos da afirmação inovadora e da carta.

A carta dela diz o seguinte:

> *Este foi o aniversário mais especial até agora! Tenho vivido consistentemente minhas missões primárias, e todas as visões primárias se manifestaram rapidamente. Agora estou ocupada trabalhando no próximo grupo de visões primarias e estou repleta de gratidão por tudo o que foi alcançado.*

11/04/2027

Exercício 1

Com base nos principais aspectos da "Carta para mim mesmo", e guiado pelo exemplo de Cat, elabore sua própria carta. Depois, leia a carta três ou quatro vezes e observe o sentimento que ela desperta em você.

(II) Cartão de visão primária e objetos físicos

Um cartão de visão primária é um cartão branco simples do tamanho de um cartão de visita padrão. Ali, você escreve sua missão principal de um lado e sua visão primária, como já manifestada, do outro. Você pode optar por deixar de fora a missão primária e registrar a visão de ambos os lados. Mais importante ainda, você deve deixar o cartão no bolso ou mantê-lo em algum lugar ao alcance das mãos ou veja várias vezes ao dia.

A premissa fundamental é que você está usando um método escrito melodiosamente que o lembra muitas vezes ao longo do dia de já ter manifestado sua visão primária e, assim, acelera o ritmo da manifestação física externa.

Todo mundo coloca as mãos no bolso ou na carteira várias vezes ao dia, e se cada vez que fizer isso você tocar nesse cartão, estará lembrando de ter manifestado sua visão primária de maneira breve, mas contínua. Além disso, ao manter o cartão por perto durante todo o dia, sempre que tiver um tempo livre você poderá também fazer uma leitura rápida da visão.

Esse método é mais vantajoso porque é o menos demorado de todos, não exige acesso a um local silencioso ou privado e ajuda a lembrar sua visão mais de dez vezes por dia.

Um complemento do cartão é o conceito de objetos físicos. Esse método implica manter em seu escritório ou quarto (ou em qualquer ambiente onde você gaste uma boa quantidade de tempo) objetos físicos que o lembrem de sua visão primária. Se você se desloca com frequência, talvez este método não seja a melhor alternativa.

Um exemplo aqui é uma placa na qual esteja escrita a sua visão primária como já manifestada. Outra opção consiste em fotos ou imagens de pessoas inspiradoras em relação à sua visão — podem ser líderes em sua área que alcançaram visões primárias semelhantes às suas. Por fim, tal como acontece com o cartão, o maior destaque deste método é o acesso fácil e a lembrança contínua todos os dias enquanto você realiza suas atividades diárias.

É uma data que vou lembrar por muito tempo: 24 de dezembro de 2022 — um dia típico, festivo e de inverno das festas de fim de ano. Eu recebi meu novo notebook HP novinho em folha naquela manhã e passei a maior parte da tarde criando o logotipo do **Centro de Riqueza Infinita®**.

Com o primeiro rascunho do logotipo pronto e a luz do dia começando a dar lugar ao anoitecer, peguei meu notebook e uma taça cheia de um dos meus vinhos tintos preferidos (Chateau Sirene, St-Julien, Bordeaux) e fui para meu escritório. Sentei em minha cadeira e olhei com atenção para os retratos emoldurados dos meus quatro mentores, pedindo inspiração. Isso durou cerca de meia hora — apenas os quatro e eu nessa troca de olhares. À medida que os minutos passavam, comecei gradualmente a sentir mais clareza sobre o que queria escrever no meu cartão de visão primária e, antes que o fluxo fosse interrompido, rapidamente escrevi meus pensamentos.

O que escrevi não mudou desde então e o cartão fica no meu bolso. Os pontos presentes no cartão são:

> *(i) O Centro está presente em todos os continentes (ii) O Centro é uma marca global de desenvolvimento pessoal respeitada (iii) Manifeste Sua Riqueza Infinita é um best-seller disponível em mais de 100 países (iv) O meu trabalho despertou quatro milhões de pessoas (v) O meu patrimônio líquido é de $ X*
>
> *Data: 21 de outubro de 2026*

A partir do final de 2024, da lista acima, o primeiro ponto já se manifestou, enquanto o segundo e o terceiro parecem encaminhados para a realização em meados de 2025. Tanto para o quarto como para o quinto, o sentimento dentro de mim é que já são reais… E estou confiante de que também se manifestarão antes da data definida.

Gosto muito de usar objetos físicos, além do cartão, no meu escritório no **Centro de Riqueza Infinita**. O melhor exemplo (como contei um pouco antes) é a parede do meu escritório, onde estão emoldurados retratos dos quatro mentores da indústria do desenvolvimento pessoal que já trilharam meu caminho.

Exercício 2

Para este exercício, pegue algo disponível em casa — pode ser o verso de um cartão de visita normal, um cartão em branco ou apenas um pedaço pequeno de papel no tamanho de um cartão de visita comum. Usando as informações deste capítulo, crie o primeiro rascunho do seu próprio cartão de visão principal. Leia o texto várias vezes e avalie como se sente. Além disso, se houver um objeto físico disponível em casa, segure o item e avalie como se sente.

____

____

____

(III) Escuta

O método de escuta, como o nome sugere, é ouvir algo que gera para você a sensação de já ter manifestado sua visão primária. Existem dois métodos diferentes na categoria de escuta que podem intensificar sua experiência de manifestação.

O primeiro é ouvir regularmente uma música que coloca você no estado de espírito em que se lembra de viver sua missão primária e cumprir sua visão primária.

O segundo é gravar sua voz e ouvir repetidamente uma ou duas linhas que implicam que seu desejo já se manifestou. Pode ser uma afirmação, o texto do cartão ou uma, ou duas linhas retiradas da carta para si mesmo.

Ao longo da minha vida, eu não demonstrei inclinação à música. No entanto, ao longo dos últimos anos, acabei esbarrando em algumas músicas antigas que não consigo mais parar de ouvir! É claro que nada acontece por acaso, e minha frequência colocou essas músicas na minha vida no momento em que eu estava pronto para elas. Desde então, mergulhei nessas canções e nunca me canso delas. As músicas em inglês são "I Can See Clearly Now", de Johnny Nash, e "Somewhere Over the Rainbow", de Israel Kamakawiwo'Ole. De Bollywood, ouço "Ek Din Bik Jayega, Matee Ke Mol" e "Jeena Yahan, Marna Yahan", de Mukesh, compostas para personagens interpretados por Raj Kapoor. Em todas essas canções, a combinação da letra e da melodia desperta algo dentro de mim, que, por falta de uma expressão melhor, estimula a vivência da minha missão primária e a prática da minha visão primária!

O segundo exemplo é da minha filha mais nova, Mayra. Mayra tinha oito anos quando a pandemia atingiu o auge. A combinação entre a pandemia, as aulas em casa, a casa em reforma e o inverno de Londres fez com que, por vezes, ela viesse falar comigo para dizer que estava triste. Um dia, para animá-la, assistimos ao filme "A noviça rebelde". Quando acabou, perguntei à minha filha por que ela achava que cantar "Eu confio" dava à personagem de Julie Andrews a confiança para fazer um bom trabalho. Mayra respondeu que era porque a personagem convencia a si mesma! Então, eu disse que ela também podia se convencer de que estava feliz quando estivesse triste. Como ela estava receptiva à ideia, gravamos rapidamente dez repetições dela dizendo: "Amo a minha vida e estou muito feliz". Trabalhamos juntos nessas repetições até o fim das aulas em casa, o que aconteceu em fevereiro, três meses depois. Isso a animou muitas vezes, mantendo sua atitude positiva naqueles tempos bastante difíceis. Compartilhei esse exemplo para oferecer uma perspectiva diferente que vá além do contexto de missão e visão primárias. Observe que mesmo uma criança de oito anos pode se beneficiar deste método (e de outros também) quando utilizado do jeito certo.

O último exemplo também vai além da missão e da visão primárias e emprega mais do que um método. Acontece que todos os autores sensatos sabem que, por mais grandioso que considerem o seu conteúdo, é necessário usar, no mínimo, os serviços de um editor. Os autores mais dedicados, no entanto, costumam usar os serviços de mais de um. Da mesma forma, Alan Howarth (https://www.alanhowarthwriter.co.uk) foi um dos editores de *Manifeste Sua Riqueza Infinita*.

Alan sofria de dores enquanto esperava por uma cirurgia no joelho esquerdo, e tudo parecia sugerir que a espera pelo NHS (Serviço Nacional de Saúde na Inglaterra) seria longa.

Usando os métodos deste capítulo, Alan começou escolhendo a data em que receberia o cronograma da cirurgia — quinta-feira, 11 de maio de 2023. Ele escreveu um cartão, redigiu uma carta para si mesmo, escolheu sua música motivacional – "500 Miles", da banda The Proclaimers — e tentou acionar o sentimento do desejo realizado.

A quinta-feira, 11 de maio de 2023, chegou. Então, por volta das 11 da manhã, o telefone começou a tocar. Era a equipe do hospital na linha, sugerindo que a cirurgia ocorreria em maio. Essa notícia excepcional desafiou a lógica, especialmente no contexto dos atrasos que o sistema de saúde britânico enfrentou após o fim da pandemia. Alan ficou em êxtase e imediatamente me mandou uma mensagem dizendo: **"Deu certo - 🙂"**.

Exercício 3

Quase todos nós temos uma música ou duas que nos colocam em uma frequência feliz. Comece a ouvir a sua e avalie como se sente. Também grave uma mensagem sua com um conteúdo relacionado e avalie como se sente ao ouvir isso.

O cerne da questão

Os métodos deste capítulo são tão valiosos quanto os tratados anteriormente. Você já tem um favorito?

PARTE IV

MANIFESTE SUA RIQUEZA INFINITA

24.

BALANÇO

24. BALANÇO

Uma viagem de mil léguas começa com o primeiro passo.

Lao Tzu

Parabéns! Sim, você chegou à etapa final, onde vai aprender a manifestar sua riqueza infinita. No início, na introdução, vimos o seguinte:

> *É da natureza humana que, compreender que algo pode ser feito "é meio caminho andado"; a outra metade consiste na aplicação bem-sucedida e execução disciplinada.*
>
> *Compreender os conceitos e as ideias é o primeiro passo essencial, mas isso por si só não trará os resultados; a ação contínua para colocar tudo em prática e a garantia de uma execução disciplinada são o fator decisivo.*

Tudo o que vimos até agora compreende a primeira parte da aprendizagem dos conceitos e ideias presentes na introdução. A última etapa, por outro lado, tem tudo a ver com a aplicação bem-sucedida e a execução disciplinada do conhecimento que você adquiriu. O desenvolvimento de uma boa compreensão dos conceitos preenche 90% deste livro, mas não é mais importante do que o último passo. Ambas as partes são igualmente importantes e nenhum pode ser plenamente eficaz sem o outro.

Em breve você vai criar o seu próprio **Ritual Diário para Manifestar sua Riqueza Infinita™**. Esse ritual diário não só permite começar a manifestar sua riqueza infinita, mas também contribui para que você mantenha a frequência de manifestação.

O cerne da questão

Com todo o conhecimento adquirido e a compreensão desenvolvida, seu único foco agora é aplicar com sucesso esse conhecimento por meio de uma execução disciplinada de forma contínua.

25.
AS DUAS PRINCIPAIS FONTES

25. AS DUAS PRINCIPAIS FONTES

Uma coisa é pensar que estamos no caminho certo, mas outra é pensar que o nosso é o único caminho.

Paulo Coelho

Embora o processo de manifestação seja o mesmo para todos, o caminho para dominar o processo difere de pessoa para pessoa. Ainda não me deparei com duas pessoas com rituais idênticos. É por isso que, em vez de compartilhar um conjunto de exercícios a ser seguido, prefiro oferecer orientação para criar o seu próprio ritual personalizado.

Os ingredientes de seu ritual diário são extraídos de duas fontes principais: Os Seis Turbocarregadores de Manifestação™ e o Triângulo de Manifestação 3-6-9™. Conhecer bem esses ingredientes é fundamental antes da criação do seu ritual diário.

Os Seis Turbocarregadores de Manifestação™

1. **Gratidão:** iniciar o dia com uma breve oração de gratidão, listando suas bênçãos e conquistas significativas, é uma ótima maneira de começar um novo dia na frequência certa. A lei de causa e efeito nos coloca em um estado de recebimento quando estamos vindo de um lugar de gratidão. É essa lei que torna um sentimento de gratidão genuína um turbocarregador para a manifestação. Responda à seguinte pergunta: quando damos graças por nossas bênçãos e lembramos de nossas maiores conquistas, então, pela lei de causa e efeito, não é natural que as bênçãos e conquistas continuem aumentando? Em março de 2009 eu estava lendo *Quem Vai Chorar Quando Você Morrer?*, de Robin Sharma. O autor deu um conselho: "ao gastar dinheiro, lembre-se sempre de abençoá-lo. Peça que o dinheiro abençoe a todos que tocar, e que, ao ser distribuído, alimente os famintos e vista os necessitados. Peça também que volte para você um milhão de vezes". Robin, por sua vez, citou a fonte como sendo *Bring Out the Magic in Your Mind* (sem tradução para o português) de Al Koran. No esquema geral das coisas, um livro levou a outro, e o ciclo continuou.

2. **Meditação:** a meditação silencia a mente e nos aproxima do espírito universal. Os dois elementos são importantes para que você receba orientação sobre os próximos passos de sua jornada. Um exemplo claro aqui é o de Jack Canfield buscando orientação sobre os próximos passos para seu livro, *Canja de galinha para a alma*. Enquanto meditava, Jack viu uma imagem de uma garrafa térmica com canja de galinha. Isso o lembrou da canja de galinha de sua avó, que, segundo ela, podia curar qualquer coisa. Nesse instante de orientação do espírito universal, ele batizou o livro de *Canja de galinha para a alma*.

3. **Estudo:** reserve algum tempo todos os dias para estudar, para que você acumule um conhecimento que ultrapasse o que aprendeu neste livro. Um bom ponto de partida é a lista de referências e as biografias presentes no final deste livro. Fique à vontade para ler livros diferentes, mas muitas vezes os manifestadores mais eficazes leem o mesmo material repetidamente. Como vimos, a repetição é fundamental. Um conselho aqui é ter uma pequena seleção de livros favoritos (um máximo de cinco costuma ser um bom número) e, mantendo a mente aberta a novos materiais, você deve ler regularmente suas páginas/livros favoritos de forma constante,

idealmente todos os dias, mas pelo menos três ou quatro vezes por semana. O lendário Bob Proctor passava alguns minutos lendo seu livro favorito, *Quem Pensa Enriquece*, todos os dias e, com entusiasmo, recomendava esse hábito a todos.

4. **Comece o seu dia cedo:** na medida do possível, acorde um pouco mais cedo e reserve um tempo todas as manhãs para o seu ritual diário. Às vezes, isso pode não ser possível e, nesses casos, com base em sua programação geral, pode ser uma boa ideia realizar o ritual antes de dormir ou em algum momento do dia em que você não está distraído. Há muitas vantagens em começar o dia mais cedo, mas acho que *O clube das 5 da manhã*, de Robin Sharma, é uma leitura valiosa, além das palavras de Rumi, fascinantes:

"A brisa do amanhecer tem segredos para contar [...] peça o que realmente deseja, não volte a dormir."

5. **O período noturno:** os pensamentos dos últimos dez a quinze minutos antes de irmos para a cama à noite têm uma vantagem inerente de alcançar a mente subconsciente com rapidez e consolidar-se durante a noite

enquanto dormimos. Assim, uma versão reduzida do seu ritual diário matinal é altamente recomendada antes de ir para a cama.

6. **Ação:** você aprendeu sobre a importância da ação orientada contínua; tendo em conta a sua contribuição significativa, ela consiste em um dos seis turbocarregadores. Ao incorporar em sua vida diária os métodos que aprendeu, muitas vezes você receberá orientação para agir na forma de intuição. Uma vez que a intuição inicial tenha surgido, em alguns casos seu intelecto seguirá esse instinto. Em outros, por meio da mente consciente, ele tentará racionalizar as razões pelas quais você não deve tomar essa ação, por que ela não é lógica e assim por diante. Não importa… Você ainda deve seguir essa intuição! Lembre-se de que nada se move em sua direção a menos que você se mova naquela direção também.

O Triângulo de Manifestação 3-6-9™

3-6-9 é uma combinação numerológica excepcional, especialmente na esfera da manifestação. Não há unanimidade sobre se Nikola Tesla disse primeiro que 3-6-9 é a chave para o universo; no entanto, é uma combinação poderosa para receber destaque em seu ritual diário.

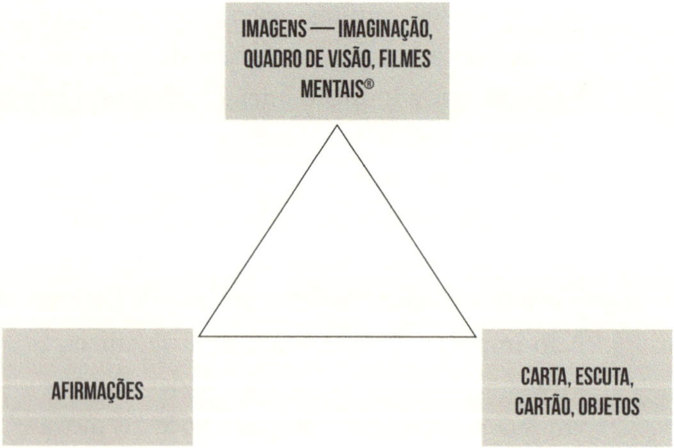

Dei o nome de Triângulo de Manifestação 3-6-9™ porque os exercícios de manifestação que você começará a fazer diariamente incluirão o uso dessas três técnicas por nove, seis e três minutos, respectivamente. Estas são as técnicas que você estudou meticulosamente até agora. Chegou a hora de colocá-las em prática.

Cada exercício que você fez anteriormente corresponde a uma técnica específica no Triângulo de Manifestação 3-6-9™. Lembre-se de que, depois de cada exercício, você fez uma breve anotação sobre como se sentiu ao fazer a atividade.

Também é possível que, nessa fase, você sinta que o conteúdo que produziu durante esses exercícios precisa ser melhorado e/ou que a missão e a visão primárias devam ser ajustadas. Sugiro que você não caia na armadilha de procurar a perfeição à custa de atrasar o início da prática. Esse é um problema que todos os estudantes diligentes tendem a enfrentar, e é por isso destaco a questão agora. Você pode continuar melhorando o conteúdo a qualquer momento, mas não comprometa o início de seu ritual diário por isso. Finalize o ritual e comece sua execução com disciplina todos os dias, a partir desta noite ou de amanhã de manhã. Esse é o melhor conselho que posso dar: a execução imperfeita efetuada é muito superior ao planejamento perfeito. Além disso, não caia na armadilha de permanecer imóvel por pensar demais!

Agora, atribua uma pontuação de até dez a cada método que você praticou por meio dos exercícios. Quanto mais eficaz você considerar uma técnica, maior deve ser a pontuação. Para dar uma perspectiva extra, compartilho a seguir minhas próprias pontuações. Leia e, em seguida, preencha a sua própria tabela mais adiante.

Tabela de Pushkar

Técnica	Pontuação de 10
Imaginação/visualização	8
Quadros de visão	10
Filmes Mentais®	10
Afirmações	9
Carta para mim mesmo	10
Escuta – A sua voz	5
Escuta – Sua música	10
Cartão de missão primária	8
Objetos físicos	10

Coloque o seu nome aqui:

Tabela de ________

Técnica	Pontuação de 10
Imaginação/visualização	
Quadros de visão	
Filmes Mentais®	
Afirmações	
Carta para mim mesmo	
Escuta – A sua voz	
Escuta – Sua música	
Cartão de missão primária	
Objetos físicos	

A mente subconsciente é mais suscetível a imagens e, no Triângulo de Manifestação 3-6-9™, eu recomendaria manter os nove minutos para imagens. Gostando de seu filme mental, ou ainda a caminho de elaborar um, recomendo dedicar pelo menos quatro a seis minutos a seu filme mental, pois ele se comunica com vários sentidos. Divida o resto entre o seu quadro de visão e a imaginação em estilo Neville, ou escolha apenas um método, dependendo da sua pontuação. Dedico quatro minutos a meu filme mental, três minutos para meu quadro de visão e dois minutos para a imaginação em estilo Neville.

Com as imagens concluídas, é essencial determinar qual a técnica você considera superior entre as afirmações, por um lado, e a carta para si mesmo e/ou a escuta, por outro. Sua preferência primária deverá ocupar o espaço de seis minutos, e a secundária, o espaço final de três minutos. Embora as afirmações funcionem para mim, a escuta não me anima muito, enquanto a carta para mim mesmo seja uma manifestante vigorosa. Por isso, dedico seis minutos à carta para mim mesmo e três minutos às afirmações.

Por último, embora a carta da missão primária e os objetos físicos não façam parte do ritual de dezoito minutos, são contribuições valiosas devido à sua natureza de repetição todos os dias. Assim, decida se uma ou ambas as técnicas combinadas funcionam melhor para você. No meu caso, o cartão nunca sai do meu bolso nas minhas horas de vigília, e os objetos permanecem à vista em meu escritório.

Triângulo de Manifestação 3-6-9™ de Pushkar*:

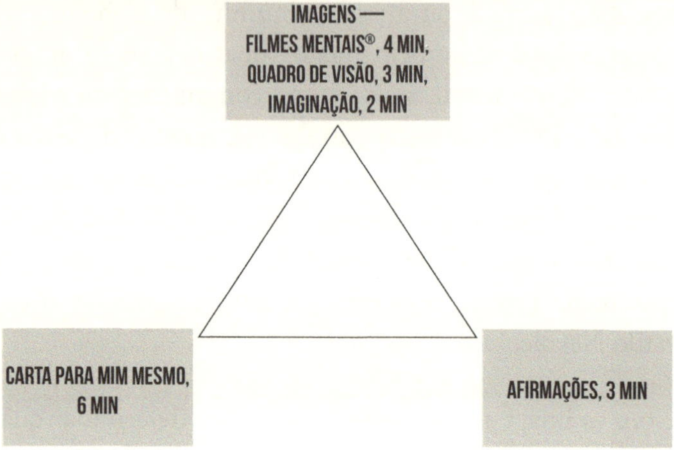

**Com o auxílio do cartão de visão primária e objetos físicos fora desses dezoito minutos.*

Agora, preencha o seu Triângulo de Manifestação 3-6-9™.

Coloque o seu nome aqui:

Triângulo de Manifestação 3-6-9™ de*: ________

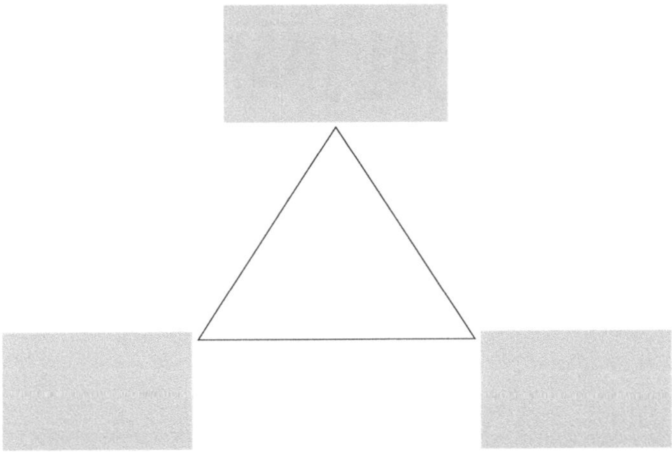

**Com o auxílio do cartão de visão primária e objetos físicos fora desses dezoito minutos.*

O cerne da questão

Os seis turbocarregadores de manifestação e o Triângulo de Manifestação 3-6-9™ são a chave para você finalizar com sucesso seu ritual diário.

26.
SEU RITUAL DIÁRIO PARA MANIFESTAR SUA RIQUEZA INFINITA™

26. SEU RITUAL DIÁRIO PARA MANIFESTAR SUA RIQUEZA INFINITA™

O sucesso é gerado por meio da aplicação de algumas pequenas disciplinas diárias. O fracasso é o resultado inevitável de alguns pequenos atos de negligência diária realizados consistentemente ao longo do tempo.

Robin Sharma

Este capítulo final começa com essa citação porque quero reforçar a importância da disciplina implacável para aplicar o que você aprendeu e praticar todos os dias – esta é uma grande contribuição para manifestar sua riqueza infinita.

Antes de concluir o **Seu Ritual Diário para Manifestar sua Riqueza Infinita™**, para fins ilustrativos, compartilho o meu a seguir.

Ritual diário de Pushkar

Ritual da manhã

Número	Atividade	Duração (minutos)
1.	Expressar gratidão	5
2.	Meditação	20
3.	Triângulo de Manifestação 3-6-9™	9+6+3 = 18
4.	Estudo	10 a 12
	TOTAL	**53 a 55**

Atividades diurnas

Número	Atividade	Duração (minutos)
1.	Ação orientada contínua	Contínua
2.	Cartão de visão primária e objetos físicos	Contínua
	TOTAL	**Contínua**

Ritual noturno

Número	Atividade	Duração (minutos)
1.	Expressar gratidão	2
2.	Meditação	3
3.	Triângulo de Manifestação 3-6-9™	3+2+1 = 6
	TOTAL	**11**

Como acontece com qualquer coisa personalizada dessa forma, embora o modelo geral seja o mesmo, os detalhes diferem de pessoa para pessoa. Eu gosto de meditar por um certo período em determinada hora do dia. Isso não significa que essa seja a melhor opção para você. No começo, você pode preferir manter a meditação em dez minutos e o estudo em cinco, por exemplo. A principal questão aqui é que não existe uma combinação certa ou errada, e é recomendável fazer o que parece natural e satisfatório para você.

Coloque o seu nome aqui:

Ritual diário de ____________

Ritual da manhã

Número	Atividade	Duração (minutos)
1.	Expressar gratidão	
2.	Meditação	
3.	Triângulo de Manifestação 3-6-9™	9+6+3 = 18
4.	Estudo	
	TOTAL	

Atividades diurnas

Número	Atividade	Duração (minutos)
1.	Ação orientada contínua	Contínua
2.	Cartão de visão primária e objetos físicos	Contínua
	TOTAL	**Contínua**

Ritual noturno

Número	Atividade	Duração (minutos)
1.	Expressar gratidão	
2.	Meditação	
3.	Triângulo de Manifestação 3-6-9™	
	TOTAL	

O cerne da questão

Sua jornada ao longo deste livro culmina na criação de seu ritual diário. Não se limite a praticá-lo: aproveite o momento.

27.
CONCLUSÃO

27. CONCLUSÃO

Se quero ser livre, preciso ser eu mesmo. Não quem você acha que eu deveria ser, não quem minha esposa acha que eu deveria ser, não quem meus filhos acham que eu deveria ser. Se quero ser livre, preciso ser eu mesmo – então é melhor eu saber quem sou.

Leland Val Van de Wall (frequentemente citado por Bob Proctor)

Essas palavras reforçam o início da introdução: *Sim, você é infinitamente rico; você é infinitamente rico, porque você é você!*

Sua jornada para manifestar sua riqueza infinita começa com a identificação de sua riqueza infinita. No entanto, não é possível identificar sua riqueza infinita até se conhecer. A bolha CR, por definição, afasta você de si mesmo, mas este livro o traz de volta!

Depois de identificar sua missão primária e dar o primeiro passo na direção de viver seu *Dharma*, você volta a ter contato consigo mesmo, mas esse é só o começo. É sua responsabilidade não deixar sua proximidade de si mesmo desaparecer – invista nessa relação e verá os resultados. O ritual diário é o principal meio de desenvolver ainda mais essa relação, com o apoio dos exercícios feitos, que podem ser revisitados como e quando você quiser.

Assim como há obstáculos em qualquer viagem, mas sempre chegamos ao destino pretendido, também há obstáculos na jornada da vida. Mas, se permanecer fiel ao conhecimento advindo deste material, da sua aplicação e da execução disciplinada, você também vai chegar a seu destino – manifestar a sua riqueza infinita.

Na maioria das vezes, encontramos esses obstáculos quando temos um padrão imperfeito ou nos desviamos da harmonia com o espírito universal ou não tomamos a ação guiada contínua que deveríamos ter tomado. Não deixe que os obstáculos o desencorajem; persevere e, como o piloto habilidoso que navega pela turbulência, volte a este material ou a qualquer outro livro, faça a correção necessária e prossiga na direção de manifestar sua riqueza infinita.

Esses obstáculos também podem ser passos necessários para você chegar a seu destino, embora raramente pareçam quando cruzam seu caminho... Tudo fica claro quando olhamos para trás.

As melhores palavras nesse sentido são de Steve Jobs:

> *Não dá para conectar os pontos olhando para frente; só é possível conectá-los quando se olha para trás. Então, é necessário acreditar que os pontos se conectarão de alguma forma no futuro. É preciso acreditar em algo – seu instinto, destino, vida, carma ou qualquer outra coisa. Esse pensamento nunca me decepcionou e fez toda a diferença na minha vida.*

Nesse sentido, à medida que chegamos ao fim, tenho o prazer de dizer que compartilhei com você muito do que aprendi ao longo dos últimos quinze anos. Minha intenção sincera é que você tire o máximo proveito desse conhecimento e, o mais importante, que manifeste sua riqueza infinita.

O cerne da questão

Manifeste sua riqueza infinita!

APÊNDICE I

BLAINE BARTLETT (GRÃO-MESTRE B^2)

O que você fez no futuro está determinando o que você fará no passado.

Talvez essa afirmação soe um tanto estranha para você, como pareceu para mim, sobretudo se está lendo pela primeira vez.

Na verdade, o Grão-Mestre B^2 se referia a uma lição fundamental da Física Quântica, segundo a qual passado, presente e futuro coexistem simultaneamente, em energia de alta vibração, principalmente nos reinos superiores. Portanto, o tempo é uma ilusão. Mas a taxa de vibração da energia na Terra, incluindo nossos corpos, é muito mais lenta e, por isso, a manifestação na Terra leva tempo. Apesar disso, o conceito fundamental permanece o mesmo. Essa foi a motivação de sua declaração.

Ainda me lembro vividamente do momento em que ouvi essas palavras pela primeira vez...

Completei quarenta anos em 2016 e lembro de a minha mulher ter dito, enquanto me presenteava com um seminário ministrado por Bob Proctor, "Este é um aniversário importante... torne-o inesquecível". Acabou sendo inesquecível de verdade!

Foi um seminário de dois dias e meio e, no segundo dia, houve uma sessão com um palestrante convidado cujo trabalho eu não conhecia ainda. Essa sessão seguiu uma das aulas muito animadas de Bob Proctor, onde Bob e o público pegavam fogo. Bob não era o palestrante mais fácil de acompanhar.

Olhos azuis cintilantes, terno cinza escuro, gravata vermelha, mas acima de tudo, uma vibração de bondade e compaixão que simplesmente não podia ser ignorada – esses foram os pensamentos que passaram pela minha mente enquanto o Grão-Mestre B^2 — ou Blaine Bartlett — subiu ao palco. E depois disse: *"O que você fez no futuro está determinando o que você fará no passado"*.

Há um provérbio chinês que diz: "Quando o aluno está pronto, o mestre aparece." Talvez eu estivesse pronto, porque no momento exato em que ele disse essas palavras, eu sabia que tinha encontrado meu professor.

A sessão do Grão-Mestre B^2 foi, ao mesmo tempo, rica em conteúdo e estilisticamente bem recebida; para mim, o ponto mais marcante – ainda mais evidente após a sessão anterior – foi a sensação predominante de calma e tranquilidade enquanto ele fez sua apresentação. Só mais tarde, em 2017, quando comecei a mergulhar no trabalho de Wayne Dyer, percebi algo nele que me lembrava Blaine. Naquela época, eu não tinha certeza sobre o que era. Mas eu percebia que até os nomes deles rimavam.

Quando a sessão terminou, li rapidamente sobre ele on-line e entrei em contato com seu escritório, apenas para ouvir a triste notícia de que o Grão-Mestre B^2 já não fazia treinamentos individuais. Decepcionado, mas não dissuadido, expliquei então que eu tinha essa "certeza" de que ele seria meu professor e, no mínimo, precisava compartilhar isso com ele. Depois de conversarmos por mais alguns minutos, concordamos que eu escreveria uma breve nota explicando por que eu tinha esse desejo de falar com ele, e que a nota seria compartilhada com ele; depois disso, a decisão caberia a ele. Tivemos a nossa chamada introdutória no prazo de quarenta e oito horas.

A conversa foi mais ou menos como se segue. (A reconstrução se baseia na memória e representa o diálogo real em termos de essência, em vez de palavra por palavra.)

Grão-Mestre B²: Olá, Pushkar, tudo bem?

Pushkar: Tudo bem? Estou superanimado por causa da conversa que teremos, embora eu não possa esperar que a sua animação seja a mesma! Espero que você esteja bem e agradeço muito.

Grão-Mestre B²: O prazer é meu. Embora eu possa não estar tão animado quanto você, estou intrigado de verdade – nos meus trinta e cinco anos de carreira nessa área, nunca recebi uma mensagem como a sua. Diga, como posso ajudar?

Pushkar: Com um Mestrado em Cambridge e na LSE, e uma carreira relativamente global, a minha vida tem sido um "clássico sucesso dos livros didáticos", mas sinto um vazio que me impele para a busca. Por exemplo, qual é o propósito da vida no esquema geral das coisas? Em particular, sinto que estou em busca de respostas sobre por que a vida acontece desse jeito com as pessoas — especialmente do ponto de vista de pessoas que se encontram em uma destas situações: (i) levando vidas satisfatórias e financeiramente satisfatórias; (ii) levando vidas satisfatórias, mas não financeiramente satisfatórias; (iii) levando vidas vazias, mas financeiramente satisfatórias; (iv) levando vidas vazias e financeiramente carentes.

Tenho vivido essa busca durante os últimos oito ou nove anos e, pelos meus cálculos, participei de cerca de vinte seminários, workshops e programas e li mais de 250 livros. Com certeza tenho uma clareza maior do que quando comecei; no entanto, há um sentimento incômodo no fundo da minha mente, que me diz que há algo que devo fazer, mas não consigo decifrar o que é. É como se uma força maior do que eu estivesse me puxando para uma direção em que fico feliz por ir, embora não saiba o destino, mas ainda assim, de alguma forma, sei qual é o próximo passo – isso faz algum sentido? Além disso, intelectualmente pareço saber que preciso de um professor para trabalhar comigo, mas, a nível de sentimentos, de alguma forma sei que o professor é você e que o propósito maior a cumprir é apenas meu, mas possivelmente seu também.

Grão-Mestre B²: Muito interessante, Pushkar — você é analítico, mas fala autenticamente com o coração; meu interesse está ainda maior. De qualquer forma, ao longo da minha vida, aprendi a confiar muito mais no meu instinto do que no meu intelecto, especialmente na ausência de uma informação perfeita. Depois de ter conversado com você pelos últimos minutos, ouvido o que tem a dizer, mas, *o mais importante*, sentindo a sua energia, me sinto à vontade para abrir uma exceção e trabalhar com você separadamente.

Pushkar: Muito obrigado, estou profundamente grato e prometo que não vou decepcionar você.

Grão-Mestre B²: Ha, ha, ha... Acho que nós dois gostaremos muito das nossas conversas.

Pushkar: Mal posso esperar para começar! Além disso, se você não se importar de informar... Quais seriam os valores? Pelo que entendi, você não costuma fazer aulas individuais, mas no caso improvável de fazer, o valor é de cerca de US$ 5.000 por hora? Não é uma quantia que eu possa pagar, mas sei que estou destinado a trabalhar com você. O que você sugere para contornar isso?

Grão-Mestre B²: Embora o dinheiro seja importante, não fazemos tudo por dinheiro. Trabalharei com você para ajudar a identificar o seu elo perdido e a cumprir o seu propósito enquanto descubro como o meu está ligado ao seu. Em relação a finanças, fique à vontade para fazer uma contribuição de caridade alinhada às nossas sessões. Se quiser, posso recomendar uma instituição de caridade com a qual estou envolvido. A minha mulher, Cynthia, administra uma instituição de caridade chamada Unstoppable Foundation, e faz um ótimo trabalho em partes rurais do Quênia.

Pushkar: Isso parece maravilhoso, e muito obrigado mais uma vez – como o seu interesse, a minha gratidão aumenta. Quanto tempo terão essas sessões? Mal posso me conter de entusiasmo.

Grão-Mestre B^2: Penso que aumentar as sessões ao longo do tempo será muito valioso. Minha sugestão é fazermos sessões mensais de uma hora cada. Elas devem se estender por pelo menos doze a dezoito meses, mas tenho a sensação de que continuarão por muito mais tempo...

Pushkar: Serei inteiramente guiado pelo seu julgamento aqui e estarei sempre bem-preparado para as lições.

Grão-Mestre B^2: Não há lições! Não há programa ou curso a seguir; será como uma casa aberta para você. Traga suas perguntas, pergunte o que desejar. Podemos até discutir um determinado livro ou uma parte dele, ou mesmo uma citação específica. A decisão será inteiramente sua, e farei o meu melhor para responder à altura. Além disso, se não se importar, pode me dizer sua idade?

Pushkar: Tudo anotado e compreendido; parece ótimo. Completei quarenta anos agora, em 21 de outubro.

Grão-Mestre B²: Você disse 21 de outubro? Nascido no ano de 1976?

Pushkar: Sim. Desculpe, há algo errado?

Grão-Mestre B²: Não, não há nada de errado, mas não há coincidências neste universo perfeito, e minha curiosidade está ainda maior. Você acompanhou o trabalho de Bob Proctor. Você se lembra dele compartilhando a história de como sua vida mudou quando seu primeiro mentor, Ray Stanford, deu a ele um exemplar de *Quem Pensa Enriquece*?

Pushkar: Sim, eu conheço a história, mas ainda não entendo como isso se relaciona com a nossa conversa.

Grão-Mestre B²: Lembra de quando isso aconteceu?

Pushkar: 1961, se me lembro bem.

Grão-Mestre B²: Sim, tem razão, mas a data completa é 21 de outubro de 1961. Preciso contar isso a Bob.

Pushkar: Obrigado, mas não sei bem o que dizer e como interpretar isso. Além disso, posso pedir a gentileza de manter isso entre nós no momento?

Grão-Mestre B²: Sim, claro. Não se preocupe, isso vai ficar entre nós pelo tempo que você quiser. Sobre o que isso significa e como interpretar a informação, nenhum de nós sabe agora, mas ambos saberemos em algum momento no futuro. Mais importante ainda, lembre-se de que nem encontrar o seu caminho para mim, nem a conversa que se seguiu, nem as respostas que você procura são uma coincidência. Não quero adivinhar o significado do que aconteceu hoje, e peço que você também não tente. Vamos esperar que a vida siga seu ritmo, ver o que ela reserva para você, para mim e para nós enquanto iniciamos a próxima fase de nossa busca, agora juntos...

Pushkar: Obrigado, eu me sinto um pouco... Não sei como colocar em palavras, mas diferente do que eu esperava.

Grão-Mestre B²: Não se preocupe, absorva o que puder e deixe fluir; concentre-se na experiência, não na forma.

Pushkar: Adorei essas palavras. Elas agora estão gravadas em minha memória e vão ficar ali para sempre, assim como muitas outras quando iniciarmos nossas conversas.

Grão-Mestre B²: É ótimo ouvir isso.

Pushkar: Você se importaria se eu me dirigisse a você como Grão-Mestre B²?

Grão-Mestre B²: Isso soa especial... E, importante! Sim, eu aprovo.

Pushkar: Obrigado.

Grão-Mestre B²: Obrigado por entrar em contato e por esta conversa maravilhosa que eu realmente gostei de ter. Ah, uma última coisa antes de nos despedirmos... Você é a primeira pessoa de fora da minha família a quem sugiro isso, mas vou sugerir porque sinto que deveria.

Pushkar: Obrigado, é a minha vez de ficar curioso.

Grão-Mestre B²: Alguém da minha família acabou de concluir um breve curso sobre numerologia e, na época em que você entrou em contato, compartilhou um link onde podemos inserir nossa data de nascimento e nome completo e obter uma leitura numerológica simples em torno de traços importantes de personalidade, propósito na vida, etc. Eu não sabia muito sobre isso, mas tenho gostado de aprender um pouco mais sobre mim mesmo nos últimos tempos. É uma atividade divertida e leva pouco tempo. Quer que eu veja os seus resultados?

Pushkar: Sim, por favor.

Grão-Mestre B²: Vamos lá. *(Aguarda um instante depois de informar o nome e a data de nascimento.)* Vou enviar um e-mail para você com o texto que está sendo gerado. Ahá, aqui está. Muito, muito interessante... Talvez fosse destino você ouvir isso de mim hoje.

Pushkar: Meu destino ouvir isso... Mais ou menos como o futuro que já aconteceu, como o que você disse no palco aquele dia?

Grão-Mestre B^2: Você se lembra?

Pushkar: Claro que sim! Foi a hora em que tive a certeza de que você era o professor certo para mim. Como Abdullah soube que Neville era seu aprendiz, em um nível diferente de consciência, eu sabia que você era meu mestre.

Grão-Mestre B^2: Adoro a sua autenticidade – é uma qualidade valiosa que vamos aprofundar mais tarde. Em termos de numerologia, aparentemente o número do seu caminho de vida é "9, O Humanitário", e o seu número de expressão/destino é "11, O Número Mestre".

Pushkar: Obrigado, isso soa bem importante! Devo admitir que também não sei muito sobre numerologia, mas vou dedicar mais tempo para aprender mais. Talvez contribua para a minha busca, que faz parte da minha jornada de vida?

Grão-Mestre B^2: Talvez sim. Se há alguma coisa que gostaria de me perguntar agora, fique à vontade.

Pushkar: Absolutamente nada. Obrigado, Grão-Mestre B^2.

Grão-Mestre B^2: Agora é a minha vez de me sentir importante, com esse nome! Foi uma enorme satisfação, Pushkar, e aguardo ansiosamente por nossa próxima conversa.

Pushkar: Sempre grato, e o sentimento é mútuo, Grão-Mestre B².

Vamos avançar para o final de 2020, quando o mundo estava sob o efeito da pandemia, cerca de quatro anos depois da conversa anterior. A transcrição que se segue é da última de nossas cerca de cinquenta sessões distribuídas ao longo de quatro anos.

Grão-Mestre B²: Olá, como estão as coisas em Londres, Pushkar?

Pushkar: Estamos isolados em casa, Blaine, vendo pessoas morrerem todos os dias. Não é nada edificante.

Grão-Mestre B²: Você realmente não está feliz, Pushkar... Você me chamou de Blaine, e não de Grão-Mestre B².

Pushkar: Desculpe, Grão-Mestre B².

Grão-Mestre B²: Eu estava apenas brincando para animar você, para animar o melhor aluno que tive em minha experiência de quarenta anos. Sim, você aprendeu comigo, mas eu também aprendi com você... E sei que a nossa amizade e a nossa relação são para a vida toda, e esta última sessão é, de alguma forma, apenas o começo...

Pushkar: Eu amo você, meu querido Grão-Mestre B², e você sabe que eu nunca consigo expressar em palavras a gratidão que sinto por você. Espero que você e Cynthia venham a Londres em breve, nossa casa esteja toda reluzente e pronta até lá, e estejamos prontos para cantar e dançar, com a Covid no passado, e que possamos viver dois ou três dias memoráveis com vocês como nossos convidados. Agora que o seu aluno prodígio está todo animado, eu diria que *"Você já me visitou!"*

Grão-Mestre B²: Agora está bem melhor! Falando sério, como já discutimos algumas vezes, seus talentos, junto a suas habilidades, valores e mentalidade, fariam de você um verdadeiro mestre no campo do desenvolvimento pessoal. Mesmo a numerologia que debatemos nos primeiros dias sustenta essa premissa – esse é o seu propósito, não é? Então, por que esperar? Não é este o melhor momento, enquanto está isolado em casa?

Pushkar: Sim, eu também pensei sobre o assunto e isso realmente me anima. Mas eu tenho um pedido, que é que você também siga o meu conselho em torno da "Ponte Wayne-Blaine" que discutimos. Assim como você me vê como um instrutor de desenvolvimento pessoal da próxima geração, eu vejo você preenchendo a lacuna que o falecimento de Wayne Dyer há cinco anos deixou.

Por favor, ouça com muita atenção o que vou dizer aqui.

Como eu, você sabe que o conteúdo dos escritos de Wayne passou da motivação para a espiritualidade na década de 1990, e depois disso, ele nunca se afastou da espiritualidade. O seu trabalho ao longo das décadas centrou-se no tema da espiritualidade no campo da liderança, e não na espiritualidade para todos. Ultimamente, porém, você tem sentido um impulso para o tema mais amplo da espiritualidade para todos, mas ainda não deu esse salto. Penso que, chegando aos setenta anos e com toda a experiência que acumulou, este é o melhor momento para dar esse salto. E sim, essa semelhança que eu não conseguia expressar em palavras antes, é a vibração de compaixão que vocês dois exibem. O conteúdo do que ambos dizem pode ser diferente, mas a compaixão manifestada é muito parecida.

Por outro lado, estou consciente de que a maior parte do trabalho que você fez ao longo da vida aconteceu fora dos EUA, sobretudo para o público japonês, e que, ao contrário de Wayne, cujo trabalho serviu ao público em geral e, por isso, tornou-se um nome familiar, o seu trabalho serviu a um grupo diferente de pessoas... E, portanto, aconteceu relativamente escondido do público em geral. Mas, meu querido Grão-Mestre B^2, com toda a sabedoria que você acumulou ao longo dos anos e com minha invocação constante da "Ponte Wayne-Blaine", agora é a hora de você também começar sua transição. A ponte está pronta: você só precisa começar a andar sobre ela.

Hoje, quatro anos depois da nossa primeira conversa, posso dizer que os nossos respectivos propósitos estão ligados um ao outro — você na forma de meu mestre, me colocando no meu caminho, e eu na forma de seu aprendiz, consolidando sua vocação. Então, Grão-Mestre B², concentrar-se na experiência e não na forma é essencial... Mas apenas até estarmos em uma fase avançada da jornada, quando descobrimos a forma. Depois de conhecer a forma, concentrar-se tanto na experiência como na forma torna-se importante, e o seu *Dharma* nesta fase acena para você como o meu acena para mim.

Grão-Mestre B²: Como me sinto satisfeito e orgulhoso de ouvir você falar! Você entende agora quando digo que o mundo precisa ouvi-lo? Se você consegue mostrar a seu Grão-Mestre B² o caminho, e com tanta convicção, pode imaginar a diferença que poderia fazer para o público mais vasto, o público em geral?

Pushkar: Obrigado, Grão-Mestre B². Por onde acha que devo começar?

Grão-Mestre B²: Você é o receptáculo de conhecimento de sua jornada dos últimos doze anos: converta isso em um livro. O mundo gostaria de ouvir sobre sua jornada e crescer com o conhecimento que você compartilhará. Que tal essa ideia?

Pushkar: Excelente... Adorei! Não sei o conteúdo exato desse livro hoje, mas sei de uma coisa: vou compartilhar não só a minha jornada e o meu conhecimento, mas também contarei ao mundo sobre você.

Grão-Mestre B²: Obrigado, meu amigo, muito obrigado.

Pushkar: Obrigado por tudo, e estou certo de que falaremos antes do Natal. Cuide-se e até breve, Grão-Mestre B².

Grão-Mestre B²: Cuide-se também, Pushkar, e até breve.

Agora, avançamos para nove de setembro de 2023, o aniversário de 74 anos do Grão-Mestre B²:

Pushkar: Feliz Aniversário, Grão-Mestre B² ! Este é o início do seu 75º ano!

Grão-Mestre B²: Obrigado, mestre sênior Pushkar. Talvez depois de mais alguns cabelos grisalhos e ali pelo seu aniversário de 50 anos eu possa chamá-lo de Grão-Mestre.

Pushkar: Adoro essa ideia... Estou me sentindo bem importante agora, no seu aniversário. Este é o meu presente de aniversário para você, Grão-Mestre B²: o Apêndice I, que enviei ontem por e-mail. Espero que tenha gostado.

Manifeste a Sua Riqueza Infinita está passando pela primeira etapa de edição. O **Centro de Riqueza Infinita** já é uma marca registrada no Reino Unido e está em vias de ser registrada nos EUA e na Índia. Como concordamos, você é o principal mentor do **Centro de Riqueza Infinita**. No ano que, começaremos a compartilhar esse trabalho com o mundo. Além de publicar livros, quero que o **Centro de**

Riqueza Infinita realize workshops e eventos, que você e eu organizaremos juntos.

Grão-Mestre B²: Obrigado, meu caro amigo, obrigado... Este foi o presente de aniversário perfeito. Adorei, e estarei à espera de que tudo aconteça.

Pushkar: Espero que seu dia seja maravilhoso; podemos conversar sobre o resto mais tarde. Não quero tomar muito tempo em seu aniversário.

Grão-Mestre B²: Obrigado, mas faço questão de ouvir. Como estão as três meninas do seu coração? Mande um grande abraço de nós dois para elas.

Pushkar: Pode deixar e, por favor, dê nossos cumprimentos a Cynthia. Sei que nos encontraremos em breve.

Grão-Mestre B²: Obrigado.

Pushkar: Temos muito para colocar em dia. Que tal eu entrar em contato depois do fim de semana e marcarmos um dia para conversar na próxima semana?

Grão-Mestre B²: Ótima ideia.

Pushkar: Excelente! Feliz aniversário mais uma vez, e até mais.

Grão-Mestre B²: Obrigado e até a semana que vem.

APÊNDICE II

BIOGRAFIAS

Todas as fontes literárias utilizadas neste livro estão presentes na lista de referências que segue o Apêndice II. Conhecer as breves biografias compartilhadas (e as de quaisquer outras figuras da lista de referências mais geral que você escolher) ajudará a determinar qual o trabalho que mais combina com você para estudar mais. Isso, por sua vez, proporciona uma perspectiva mais ampla à medida que você se propõe a manifestar sua riqueza infinita.

Embora não seja viável fornecer a biografia de todos os autores referenciados, os nomes incluídos são aqueles cujo trabalho estudei de perto durante um período e/ou há um elemento em seu trabalho que impactou significativamente minha jornada.

James Allen (1864–1912)

Foi escritor, pensador, místico e único arrimo familiar aos quinze anos. A obra-prima de James Allen, *O Homem é Aquilo que Ele Pensa*, permanece como um clássico popular do desenvolvimento pessoal mais de um século após a sua morte. Junto com seu trabalho administrativo diário, Allen escreveu vários livros e publicou um periódico espiritual também. Allen também foi um dos pioneiros a promover a espiritualidade oriental, incluindo o budismo.

Blaine Bartlett (Grão-Mestre B^2)

Coach executivo, especialista em desenvolvimento de liderança e consultor de gestão, o Grão-Mestre B^2 foi essencial para a fundação da indústria de coaching no Japão e na China, e é autor/coautor de quatro livros, incluindo dois best-sellers. Ao longo de mais de quatro décadas, o Grão-Mestre B^2 prestou consultoria em todo o mundo para executivos, empresas e governos, realizando palestras e programas de treinamento para aproximadamente 300 mil indivíduos. Seu site é https://www.blainebartlett.com

Jack Canfield

Fundador do empreendimento editorial bilionário *Chicken Soup for the Soul®*, Jack é um pioneiro e uma verdadeira lenda na área de desenvolvimento pessoal, sendo talvez o rosto mais conhecido do segmento em todo o mundo. Jack também é autor de vários best-sellers e tem a rara distinção de seus livros terem vendido mais de 500 milhões de cópias em todo o mundo. Além de participar de *O Segredo, Jack* esteve em mais de mil programas de rádio e TV. Para saber mais sobre Jack e seu trabalho https://www.jackcanfield.com

Mike Dooley

Professor de metafísica, autor de best-sellers e autor de *Notes from the Universe*, Mike Dooley é um contador por formação que teve uma carreira global no setor corporativo antes de se tornar um empreendedor em 1989, quando fundou a marca TUT (Totally Unique Thoughts). Houve uma nova transição para o campo do desenvolvimento pessoal na virada do milênio com a mesma marca. Desde então, Mike enviou por mensagem mais de 1 bilhão de *Notes from the Universe* para mais de 1 milhão de pessoas. Mike também foi destaque em O Segredo. Seu site é https://www.tut.com

Wayne Dyer (1940–2015)

Pai da motivação, autor e orador de renome mundial, Wayne Dyer é autor de mais de quarenta livros, sendo que cerca de metade foi composta por best-sellers. Wayne fez a transição do ambiente acadêmico para o desenvolvimento pessoal na década de 1970 com seu primeiro livro, *Seus Pontos Fracos*, publicado em 1976. Ao longo dos quinze anos seguintes, ele continuou a se destacar ao ajudar as pessoas em suas jornadas de autoaperfeiçoamento. Posteriormente, seu trabalho progrediu cada vez mais para a espiritualidade até sua morte, em 2015. Você pode ler mais sobre ele em https://www.drwaynedyer.com

Neville Goddard (1905–1972)*

* Para Natalie e Neville, nas páginas 145 e 127–129, respectivamente, já compartilhei o conteúdo equivalente ao presente neste apêndice para os outros nomes. Para evitar repetição e ainda manter Natalie e Neville em sua mente ao lado dos demais, seus nomes aparecem aqui, mas as biografias não são repetidas.

Napoleon Hill (1883–1970)

Autor do clássico atemporal do desenvolvimento pessoal, *Quem Pensa Enriquece* e conselheiro presidencial de Franklin D. Roosevelt, Hill é frequentemente considerado uma contribuição pioneira para o segmento de desenvolvimento pessoal. Em 1908, Andrew Carnegie, um dos homens mais ricos do mundo, estava sendo entrevistado pelo jovem repórter Napoleon Hill e ficou tão impressionado com ele que fez uma oferta improvisada. A proposta consistia em dedicar a sua vida a uma filosofia de sucesso baseada no pensamento dos homens mais ricos do mundo e compartilhar esse conhecimento em benefício de todos. Hill aceitou a oferta e levou cerca de duas décadas para concluir o "projeto". Os resultados foram publicados em 1937 no livro intitulado *Quem Pensa Enriquece*, que vendeu mais de 100 milhões de cópias e é um dos livros de desenvolvimento pessoal de maior sucesso de todos os tempos. O site da Fundação Napoleon Hill é https://www.naphill.org

Natalie Ledwell*

ver nota de rodapé da página anterior

Mary Morrissey

Palestrante inspiradora, empreendedora e coach executiva, por mais de quatro décadas Mary capacita pessoas a progredir ainda mais no caminho de desvendarem seus sonhos e realizá-los. Mary falou três vezes nas Nações Unidas, facilitou três reuniões de uma semana com Sua Santidade, o Dalai Lama e outros líderes mundiais e encontrou Nelson Mandela na cidade do Cabo, na África do Sul, para abordar as questões mais significativas que o mundo enfrenta. Ela também é autora de dois livros best-sellers. O site de Mary é https://www.marymorrissey.com

Bob Proctor (1934–2022)

Guru de desenvolvimento pessoal, especialista na mente, orador excepcional, autor de best-sellers e convidado de *O Segredo*, Bob Proctor foi uma figura imponente na área de desenvolvimento pessoal. De 21 de outubro de 1961, quando recebeu um exemplar de *Quem Pensa Enriquece*, até o fim de sua vida no início de 2022, Bob lia um trecho de *Quem Pensa Enriquece* todos os dias. Seu legado continua por meio de sua associada Sandy Gallagher. Você pode ler mais sobre Bob e Sandy em https://www.proctorgallagherinstitute.com

Robin Sharma

Humanitário, especialista em liderança, palestrante, e autor de best-sellers, Robin Sharma fez a transição de uma carreira jurídica para o desenvolvimento pessoal há quase trinta anos. Robin prestou consultoria para várias empresas da Fortune 500, bem como muitos líderes corporativos e CEOs. Ao longo dos anos, os livros de Robin venderam mais de vinte milhões de cópias. Seu livro mais popular é *O Monge Que Vendeu Sua Ferrari*. Acesse o site de Robin em https://www.robinsharma.com

Thomas Troward (1847–1916)

Intelectual, filósofo e escritor extraordinário, Thomas Troward viveu há mais de um século, deixando sua marca indelével na esfera do Novo Pensamento. Entre os primeiros professores do Novo Pensamento, Troward talvez tenha sido o mais conhecido fora dos EUA e foi presidente da New Thought Alliance. Seu trabalho é uma combinação de palestras, ensaios e livros.

Wallace Wattles (1860–1911)

Filósofo, ensaísta e autor, Wattles criou um nicho para si mesmo entre os primeiros autores do Novo Pensamento. Embora ele tenha escrito vários livros e muitos artigos, seu trabalho mais notável, que continua a inspirar pessoas até hoje, é *A Ciência de Ficar Rico*. De origem relativamente humilde, Wattles leu e estudou extensivamente para dominar a arte de viver uma vida próspera. Ele alcançou essa prosperidade ao longo dos anos, mas morreu relativamente jovem, próximo aos cinquenta anos.

REFERÊNCIAS

Parte I

Capítulo 1

- https://guides.loc.gov/this-month-in-business-history/april/apple-computer-founded
- https://www.inc.com/jim-schleckser/apple-s-boring-mission-statement-and-what-we-can-learn-from-it.html

Capítulo 3

- Dyer, W., *I Can See Clearly Now,* Hay House, 2014.
- Dyer, W. *Seus pontos fracos*. Rio de Janeiro: Viva Livros, 2011.
- Proctor, B. *Você nasceu rico*. São Paulo: É Realizações, 2013.
- Wattles, W. *A ciência de ficar rico*. Rio de Janeiro: Best Seller, 2007.

Capítulo 4

- https://www.visualcapitalist.com/distribution-of-global-wealth-chart
- Kiyosaki, R. *Pai rico, pai pobre*. Rio de Janeiro: Alta Books, 2011.

Parte II

Capítulo 6

- Chopra, D. *As sete leis espirituais do sucesso*. Rio de Janeiro: Best Seller, 2019.
- Dyer, W., *I Can See Clearly Now*. Carlsbad: Hay House, 2014.
- Schwartz, R., *Your Soul's Plan*. Berkeley: North Atlantic Books, 2009.

Capítulo 8

- https://www.canr.msu.edu/news/vision_and_innovation_lessons_from_henry_ford
- https://www.inc.com/jim-schleckser/apple-s-boring-mission-statement-and-what-we-can-learn-from-it.html
- https://www.scjohnson.com/en/about-us/this-we-believe
- https://www.tata.com/newsroom/heritage/jrd-tata-letter-schoolteacher
- https://www.business-standard.com/companies/news/tata-group-retains-top-spot-as-india-s-most-valuable-brand-at-28-6-billion-124062700498_1.html
- Troward, T., 'Entering into the Spirit of It', *Five Book Collection*, Timeless Wisdom Collection, 2016.

Capítulo 9

- Dyer, W., *Wishes Fulfilled,* Hay House, 2012.
- Frankl, V., *Man's Search for Meaning,* Rider, 2004.
- Troward, T., 'The Spirit of Opulence', *Five Book Collection,* Timeless Wisdom Collection, 2016.

Capítulo 10

- Bartlett, B. and Meltzer, D., *Compassionate Capitalism: A Journey to the Soul of Business,* Tisn Media, 2016.
- Dooley, M. *No comando da matrix*. São Paulo: Madras Editora, 2018.
- Proctor, B. *Você nasceu rico*. São Paulo: É Realizações, 2013.

Capítulo 12

- Dyer, W., *I Can See Clearly Now*. Carlsbad: Hay House, 2014.
- Morita, A., *Made in Japan,* Penguin, 1988.

Capítulo 13

- https://proctorgallagherinstitute.com/money/how-anyone-can-earn-a-much-higher-income/

Capítulo 14

- https://www.bravethinkinginstitute.com/blog/life-transformation/everything-is-created-twice
- Trismegistus, H. and The Three Initiates, *The Emerald Tablet of Hermes & The Kybalion*, Quick Time, 2020.
- Allen, J. *O homem é aquilo que ele pensa*. São Paulo: Pensamento, 2016.

Capítulo 15

- https://www.iamfearlesssoul.com/things-you-must-know-about-the-law-of-attraction/
- Leaf, C. *What is the Mind?* Dr. Leaf, 02 de outubro de 2002. Disponível em: www.drleaf.com/blogs/news/what-is-the-mind.
- Murphy, J. *O poder do subconsciente*. Rio de Janeiro: Best Seller, 2021.
- Trismegistus, H. and The Three Initiates, *The Emerald Tablet of Hermes & The Kybalion*, Quick Time, 2020.

Capítulo 17

- Canfield, J. Hansen, M. V. *Canja de galinha para a alma: Histórias para aquecer o coração pelos próximos vinte anos*. Rio de Janeiro: HarperCollins, 1998.

Parte III

Capítulo 18

- Goddard, N., 'Be What You Wish', *Be What You Wish*, Sublime Books, 2015.

Capítulo 20

- Canfield, J. with Switzer, J., *The Success Principles*, Thorsons, 2017.

Parte IV

Capítulo 25

- Koran, A., *Bring Out the Magic in Your Mind*, A. Thomas & Co, 1972.
- Sharma, R. *O clube das 5 da manhã*. Rio de Janeiro: BestSeller, 2019.
- Sharma, R. *Quem vai chorar quando você morrer?* Campinas: Verus, 2005.

Conclusão

- https://www.proctorgallagherinstitute.com/13079/who-are-you-pretending-to-be
- https://www.youtube.com/watch?v=UF8uR6Z6KLc

Apêndice I

- https://unstoppablefoundation.org

Além da lista de referências, segue uma lista de mais nove livros. Embora essas nove obras não tenham sido citadas, acredito que serão tão valiosas para o leitor quanto foram para mim.

- Bryne, R. *O Segredo.* Rio de Janeiro: Sextante, 2015.
- Holliwell, R., *Working with the Law*, DeVross & Company, 2005.
- Nightingale, E. *O Estranho Segredo.* Simas Borges Walter Luis, 2013.
- Pritchett, P., *You*[2]. Pritchett & Associates, 1994.
- Proctor, B. *Não se trata de dinheiro.* Porto Alegre: Citadel Grupo Editorial, 2025.
- Russell, R., *You Too Can Be Prosperous.* Camarillo: DeVross & Company, 2000.
- Sharma, R. *O monge que vendeu sua Ferrari.* Rio de Janeiro: Fontanar, 2011.
- Singer, M. *A alma indomável.* Rio de Janeiro: Sextante, 2018.
- Yogananda, P. *Autobiografia de um iogue.* Los Angeles: Self-Realization Fellowship, 2017

AGRADECIMENTOS

Há cerca de 500 anos, John Donne, um poeta inglês, disse que "nenhum homem é uma ilha". E assim foi com a criação deste livro. As palavras de Donne me lembram a dívida de gratidão que tenho com muitas pessoas inspiradoras que deram contribuições inestimáveis ao processo de escrita de *Manifeste Sua Riqueza Infinita* e a causa maior do **Centro de Riqueza Infinita®**.

Algumas das pessoas a quem eu gostaria de agradecer são:

Profissionais de desenvolvimento pessoal

Eu me sinto abençoado por ter tido a chance, ao longo de vários anos, de ter estudado o material de três filósofos muito famosos: Jack Canfield, Bob Proctor e Wayne Dyer. Obrigado, Wayne e Bob, pela contribuição que deram à minha vida quando ainda estavam entre nós e pela contribuição que continuam a dar mesmo depois de sua partida. Obrigado, Jack, por sua fé no **Centro de Riqueza Infinita®**, sua fé neste livro e na minha missão, e acima de tudo, por apoiar ativamente o meu trabalho junto de seu grande público. Agradeço também a Natalie Ledwell, David Meltzer e Mary Morrissey por apoiarem este livro e por serem embaixadores fundamentais, espalhando sua mensagem por onde passam.

Os envolvidos

Este livro traz exemplos da vida real com conceitos para ilustrar lições importantes de forma impactante. Esses exemplos da vida real não são apenas da minha própria vida, mas também da vida de Cat Charlton, Dave Murphy, Alan Howarth, Sunil Kumar, John Assaraf (por meio de Jack Canfield, *Os Princípios Do Sucesso*) e Mayra Anand. Obrigado pela permissão para compartilhar as histórias de vocês.

A equipe editorial

À minha editora global (exceto no subcontinente indiano), Cat Charlton, diretora geral da Rowanvale Books, devo um agradecimento muito especial. Você não é só minha editora, que personifica o conceito de publicação híbrida, mas também é um estudo de caso que aparece com destaque nas páginas desta obra e, o mais importante, uma amiga querida!

Nenhuma menção aos livros da Rowanvale estaria completa sem incluir a equipe excepcional: Alice Hunt por sua execução bem-sucedida dos inúmeros miniprojetos de design dentro do projeto mais amplo, Jaide Long por sua revisão excepcional, Ellie Owen pela primeira edição do texto e Alex Mansfield por dar forma física ao design da capa.

Os editores

Martin Toseland e Alan Howarth, muito obrigado pelas edições estruturais em diferentes partes da jornada que abrange mais de um ano. Em particular, a Martin, pelas muitas iterações na última etapa que elevaram o trabalho exatamente ao nível pretendido, e a Alan, por testar pessoalmente os métodos e permitir a inclusão do seu exemplo de quão bem os métodos funcionam.

A equipe de tradução no Brasil

A Lia Gabriele Regius, sempre serei muito grato pela tradução minuciosa da obra original em inglês e pela divulgação da mensagem do livro no Brasil e para os falantes de língua portuguesa no mundo todo. Agradeço também a Mariana Hungria e a Myrelle de Miranda Pacheco pela edição cuidadosa deste trabalho e por terem formado uma ótima parceria conosco em todas as etapas da jornada de tradução. E, finalmente, minha gratidão a Maral Hotoyan, nossa maravilhosa gerente de projetos da BeTranslated International, que gerenciou o fluxo deste projeto em diferentes fusos horários e trabalhou incansavelmente para o sucesso do empreendimento.

Os leitores beta

Obrigado a Naavya Anand e Sangeeta Kapur Anand. As suas várias leituras dos primeiros capítulos foram de fato inestimáveis, uma vez que repeti e incorporei passo a passo os seus comentários profundamente valiosos.

Por último, mas não menos importante, um agradecimento especial também a Sangeeta (minha alma gêmea!) por sua paciência e bondade enquanto eu trabalhava longas horas em muitas noites e fins de semana para cumprir meu propósito e viver meu *Dharma*.

CENTRO DE RIQUEZA INFINITA

Crescimento contínuo . . . . .

Fundado por Pushkar Anand após uma jornada de quinze anos, o **Centro de Riqueza Infinita** é uma empresa social presente em todos os continentes. O propósito do Centro é elevar a humanidade, permitindo que todos que entrem em contato com ele se tornem a pessoa que estavam destinados a ser. Você pode aprender tudo sobre o Centro, explorar o conteúdo gratuito e conferir os cursos oferecidos para ajudar a manifestar sua riqueza infinita em:

https://www.centreforinfiniteriches.com

rowanvale books

A Rowanvale Books é uma das principais editoras híbridas do Reino Unido, oferecendo aos autores uma ampla variedade de serviços de publicação, adaptados às necessidades e ao orçamento de cada autor. As opções incluem serviços independentes de autopublicação, pacotes personalizados de publicação, representação global completa e distribuição às principais livrarias. Acreditamos que cada autor e livro é único e deve ser tratado como tal. Prestamos um serviço pessoal, honesto e eficiente que permite aos autores verem os seus trabalhos publicados, mantendo o controle do processo e seguindo a sua criatividade. Ao disponibilizar serviços de publicação aos autores de forma econômica e ética, nós da Rowanvale Books esperamos garantir que a comunidade local, nacional e internacional tenha acesso a um fluxo constante de literatura de boa qualidade.

Você pode ler mais sobre nós, nossos autores e publicações em:

https://www.rowanvalebooks.com